역사 속 세기의 로맨스

2013년 3월 20일 초판 1쇄 발행
2017년 1월 10일 초판 3쇄 발행

글 박시연 / 그림 유수미
펴낸이 이철규 / 펴낸곳 북스
편집 이은주 / 편집디자인 이종한

편집부 02-336-7634 / 영업부 02-336-7613 / FAX 02-336-7614
홈페이지 http://www.vooxs.kr / 등록번호 제 313-2004-00245호 / 등록일자 2004년 10월 18일

주소 서울특별시 광진구 동일로 4길 32 2층
값 10,800원
ISBN 978-89-6519-054-7 74800
         978-89-6519-043-1 (세트)

잘못된 서적은 구입하신 서점에서 교환하여 드립니다.
이 책은 저작권법에 의해 보호를 받는 저작물이므로 불법 복제와
스캔 등 무단 전재 및 유포 · 공유를 금합니다.

역사 속 세기의 로맨스

4 세종대왕과 소헌왕후

글 박시연 그림 유수미

머리말

'세기의 로맨스'는 말 그대로 세계가 놀랄 만한 로맨스를 다룬 글입니다.

주인공 이지가 타임 슬립을 통해 과거의 시공으로 떨어지고, 그곳에서 '헨리 8세와 앤 블린', '샤 자한과 뭄타즈 마할', '원효대사와 요석공주' 등 역사에 기록될 만한 강렬하고도 아름다운 사랑을 나눈 주인공들을 만나 함께 기뻐하고 슬퍼하며 사랑을 배워간다는 내용입니다. 이렇게 과거에서 만난 친구들을 통해 사랑의 진정한 의미와 가치를 깨달으며 이지는 조금씩 성장합니다. 그리고 이런 성장을 바탕으로 현실세계에서 자신을 무던히도 괴롭히지만 때때로 묘한 분위기로 헷갈리게 만드는 킹카 중의 킹카 주노와의 사랑을 가꾸어 나갑니다.

세기의 로맨스는 물론 로맨스를 중심으로 하는 시리즈입니다. 하지만 그 시대에 살았던 주인공들의 삶과 사랑을 현실세계에서 온 이지의 눈으로 지켜보고 느끼면서 당시의 역사에 대해 자연스럽게 배우게 됩니다. 그들의 사랑 자체가 역사가 되는 것이지요.

　우리 학생 독자들에게 로맨스는 언제나 중요한 관심거리일 겁니다. 누구나 한 번쯤은 밤하늘의 별을 올려다보며 시크한 왕자님과의 사랑을 꿈꾸고, 또한 거리를 걷거나 지하철을 타고 가다가 첫 사랑과의 우연한 재회를 꿈꾸기도 했겠지요. 세기의 로맨스를 펼치는 순간, 여러분이 기대하는 그런 설렘을 만날 수 있습니다.
　더불어 그들이 어떻게 그런 사랑을 하고, 어떻게 그런 행복 혹은 비극을 맞았는지 그 역사적 배경까지 알게 된다면 더욱 흥미진진하지 않을까요?

박시연

차례

머리말 _6

요란한 생일파티 _11

사랑 따윈 믿지 않겠어 _29

경복궁의 닭살 커플 _50

폭우 속에서의 하룻밤 _74

호랑이보다 무서운 상왕 태종 _89

세 가지 시험 _116

국모의 자격 _126

최후의 고비 _154

사랑과 믿음 _177

부록 세종을 성군으로 만든 소헌왕후 _190

요란한 생일 파티

 꿈 같은 수학여행이 끝났다. 푸른 섬 제주에선 참 많은 일들이 있었다. 그중에서도 가장 충격적인 일은 필립의 고백과 그런 필립을 막기 위해 제주도로 달려온 주노 그리고 둘이 다투는 와중에 이지와 주노가 사촌이 아니라는 사실을 세라가 알게 되었다는 것이다.
 "결국 주노 선배는 네 사촌 오빠가 아니란 말이지? 그리고 이지 너는 하주노와 이필립 두 킹카를 모두 차지할 속셈인 것이고?"
 얼음장처럼 싸늘한 세라의 눈빛을 이지는 잊을 수가 없었다. 수학여행에서 돌아오고 사흘이 지났지만 세라는 이지를 절대 용서하지 않을 기세였다. 이지는 전전긍긍했지만 세라의 마음을 풀어 줄 뾰족한 수는 떠오르지 않았다.
 '세라야, 정말 미안해. 하지만 학교에서 유일한 친구인 너를 속일

생각은 없었어. 제발 내 마음을 알아줘.'

이지는 다만 마음속으로만 간절히 기원할 뿐이었다.

"저 이제 메이드 그만두겠어요. 우리가 사촌이 아니라는 걸 세라가 알게 됐으니, 더 이상 저택에서 살지 않아도 돼요."

저택으로 돌아오자마자 이지는 메이드 일부터 그만두려고 했다. 하지만 한쪽 다리를 척 꼬고 소파에 앉은 주노는 여유만만이었다.

"일단 네 어머니께 전화부터 해 보는 게 어떨까?"

"우리 일에 왜 엄마를 끌어들이죠?"

"글쎄, 일단 한 번 해 봐. 그 다음에도 그만두겠다면 기꺼이 받아들일게."

자신만만하게 미소 짓는 주노의 얼굴을 불안하게 쳐다보다가 이지는 결국 핸드폰을 꺼냈다. 그리고 엄마로부터 청천벽력 같은 소식을 듣고야 말았다.

"이지야, 네 아빠 때문에 못 살겠다!"

"또 왜요?"

"이 인간이 친구의 꾐에 넘어가 무슨 장사를 하겠다며 집에 남아 있던 마지막 예금을 탈탈 털어먹었지 뭐니? 친구란 작자는 알고 보니 순 사기꾼이었어. 이제 네 수입이 없으면 우리 모두 길거리로 나앉게 생겼구나."

"……."

이지는 눈물이 흐를 것 같은 얼굴로 주노를 보았다. 주노는 창밖을 내다보며 휘파람으로 비틀즈의 'Let it Be'를 부르고 있었다. 그의 잘못이 아니었지만 이지는 주노를 향해 핸드폰을 던지며 "날 그냥 좀 내버려둬!" 하고 소리치고 싶은 걸 가까스로 참았다.

이지는 그렇게 주노의 메이드로 남게 되었다. 무엇 하나 뜻대로 되는 일이 없었다. 사랑도, 우정도, 집안까지……. 하지만 이지는 참는 수밖에 없다고 생각했다. 그 모든 일들은 결국 이지의 잘못이 아니므로 자신이 노력한다고 해서 해결될 문제도 아니었다. 그러니 숨을 죽인 채 모든 고통이 바람처럼 지나가기를 기다리는 수밖에.

"오늘은 토마토 스튜!"

아침이 되어 일 층 거실로 내려오는 이지를 향해 소파에 비스듬히 앉아 태블릿PC로 인터넷 서핑을 즐기던 주노가 소리쳤다. 으이그~ 눈치 없는 선배 같으니. 음식 타령도 제발 남의 기분을 좀 살피면서 하라고요.

"토마토 스튜! 토마토 스튜! 맛있는 토마토 스튜 먹고 싶어! 꼭 먹고 싶어!"

그러나 주노는 이지의 기분 따윈 아랑곳하지 않고 수다스런 앵무새처럼 꽥꽥거렸다. 수학여행에서 돌아오자마자 프랑스 생활이 그립다며 주문하는 요리들은 죄다 서양식이더니 오늘은 스튜가 먹고 싶다고 노래를 불러대고 있는 것이다. 결국 이지는 고개를 절레절레 흔들며 주방으로 향할 수밖에 없었다.

토마토 스튜 조리법은 의외로 간단하다. 먼저 양파, 당근, 새송이 버섯, 파프리카, 오이고추 등 갖은 채소를 냄비에 달달 볶는다. 채소가 어느 정도 익으면 쇠고기 등심을 한입 크기로 썰어 넣고, 후추를 뿌려가며 한 번 더 볶는다. 여기에 다시마 국물을 우려낸 육수를 붓고 끓인 후 곱게 간 토마토를 넣어 푹 삶아 주면 끝. 삼십 분 정도 삶은 후에 소금과 설탕으로 간을 맞추고, 전분을 넣어 농도를 조절하며 십 분 정도만 더 끓여 내면 완성이다.

  그러나 까다로운 주노의 입맛을 만족시키기 위해서는 이 농도가 매우 중요했다. 주노는 스튜가 너무 묽으면 국 같다고 싫어하고, 너무 진하면 죽 같다며 싫어한다.

  "대한민국에서 둘째가라면 서러워할 미식가가 오죽하시겠어?"

  주방에서 부글부글 끓어오르는 스튜 냄비를 휘저으며 이지는 툴툴거리고 있었다. 떠나고 싶으나 떠날 수 없는 상황은 이지를 지치게 만들었다. 몸과 마음이 지치자 자연스럽게 짜증이 솟구쳤다.

  "윽!"

  그래서일까? 스튜를 한 숟가락 입안에 떠 넣자마자 주노는 인상부터 구겼다. 숟가락을 소리 나게 내려놓으며 주노가 앞에 서 있는 이지를 째려보았다.

  "이게 뭐야?"

  이지도 삐딱하게 대답했다.

  "스튜지 뭐예요."

"스튜는 농도가 중요하다고 몇 번 말했어? 이게 국이지 스튜냐?"

"……."

평소와 달리 이지의 표정이 일그러지자, 주노는 팔짱을 끼며 시비조로 말했다.

"왜 그렇게 쳐다봐? 내가 뭐 틀린 말 했어?"

"한 가지만 물어볼게요."

"뭔데?"

"우린 대체 무슨 사이예요?"

"스튜 얘기하다 말고 이건 또 무슨 황당한 소리?"

"우리 둘이 무슨 사이냐고요!"

이지가 빽 소리를 질렀고, 주노는 흠칫 놀랐다. 씩씩대는 이지를 가만히 바라보던 주노가 그제야 사태의 심각성을 깨달은 듯 당연하다는 듯이 말했다.

"그걸 몰라서 물어? 메이드와 고용주 사이잖아."

너무도 뻔뻔한 태도에 이지는 그만 폭발하고 말았다.

"그럼 제주도까진 왜 쫓아왔는데? 왜 필립과 사귀지 못하게 기를 쓰고 막았느냔 말이야?"

"얘기했잖아. 필립 같은 녀석 사귀어 봤자 좋을 게 없다고."

"그게 다예요? 단지 그것 때문에 날 막으려고 그 밤에 제주도까지 날아왔어요?"

"응!"

천연덕스럽게 고개를 끄덕이는 주노를 보며 이지는 할 말을 잃었다. 실망 가득한 눈으로 주노를 보다가 이지는 쓸쓸히 중얼거렸다.

 "선배에게 나폴레옹 같은 집착이 있었다면…… 어쩌면 조세핀은 세상에서 가장 행복한 여자였는지도……."

 "나폴레옹이 뭐 어째?"

 고개를 갸웃하는 주노를 뒤로하고 이지는 냉정하게 돌아섰다.

 "관둬요. 선배 같은 사람은 죽었다 깨어나도 알 수 없을 테니까."

 "저어…… 세라야, 할 말이 있는데……."

 그날 학교에 오자마자 이지는 세라에게 사과부터 하려고 했다. 하지만 세라의 반응은 예상대로 살벌했다.

 "나한테 말 걸지 마."

 "세, 세라야."

 "한 번만 더 말 걸면 자리부터 바꾼다."

 "거짓말한 건 정말 미안. 하지만 너도 내 사정을 들어 보면……."

 "닥쳐!"

 "……."

 세라가 버럭 고함을 지르자 이지는 깜짝 놀라고 말았다. 잡담을 나누던 반애들이 휘둥그레진 눈으로 두 친구를 돌아보았다. 한동안 잡아먹을 듯이 이지를 째려보다가 세라는 쿵쾅거리며 짐을 꾸리기 시작했다. 어찌나 서슬이 퍼런지 말릴 엄두조차 내지 못했다. 마침내 짐을 다 챙긴 세라가 책가방을 들고 일어섰다. 그리고 짝꿍이 외국으로 이민을 떠나 혼자 앉아 있는 친구의 옆자리로 옮겨가 버렸다.

"쟤네들 왜 저래?"

"제대로 한판 붙은 모양인데?"

"성격 좋은 세라가 저렇게까지 세게 나오는 걸 보면 분명 이지가 잘못한 게 틀림없어."

세라는 원래 반애들 사이에서 인기가 높았다. 그래서 아이들의 따가운 시선은 대부분 멍청히 앉아 있는 이지에게 쏠렸다. 이지는 어디론가 사라져 버리고 싶은 심정이었다.

"후우우~"

땅이 꺼져라 한숨을 내쉬는 이지의 어깨 너머에서 필립의 목소리가 들렸다.

"윤이지, 힘 내. 너한텐 내가 있잖아."

어이~ 너도 이 사태의 원인 제공자 중 하나란 사실을 잊지 말라고. 이지가 힐끗 옆을 돌아보니 냉정한 표정으로 책에 시선을 고정시키고 있는 세라가 보였다. 이지는 마음이 찢어질 듯 아팠다. 세라는 이 부르주아 학교에서 무인도처럼 고립되어 있던 이지가 유일하게 마음을 터놓을 수 있는 친구였던 것이다.

"아차, 사진……?!"

세라의 핸드폰에 저장돼 있는 사진들이 퍼뜩 떠올랐다. 세라는 그날 밤 제주도에서 자신을 가운데 놓고 싸움을 벌인 주노와 필립의 모습을 사진으로 찍었다. 만약 그것이 공개된다면 이지의 거짓말은 만천하에 공개되고 말 것이다. 그럼 진짜 학교에 다닐 수 없게 될지도 모른다. 갑자기 가슴이 두근거리기 시작했다.

"아아…… 나의 열네 살은 대체 왜 이리 힘이 들까?"

점심도 먹는 둥 마는 둥 세라는 한적한 학교 뒷동산을 산책 중이었다. 골똘히 생각에 잠겨 걸음을 옮기다가 세라는 핸드폰을 꺼냈다. 사진첩을 열자, 제주도에서의 즐거웠던 순간들이 파노라마처럼 스치고 지나갔다. 마침내 마지막 사진이 세라의 눈에 들어왔다. 주노와 필립이 서로를 향해 주먹을 날리며 덤벼들고, 그 가운데서 이지가 놀라 무어라 외치고 있는 사진이었다. 이 상황에 대해선 세라도 사진 속의 세 사람 만큼이나 잘 알고 있었다. 주노와 필립은 이지를 가운데 두고 결투 비슷한 걸 하고 있었던 것이다.

'비쩍 마르고 늘 우울한 얼굴로 다니는 이지가 대체 어디가 좋아서? 나보다 대체 뭐가 잘났기에 모든 킹카들이 이지한테만 달려드냔 말이야.'

분한 마음에 세라는 입술을 깨물었다. 동시에 뒤쪽에서 귀에 익은 목소리가 들려왔다.

"그 사진을 인터넷에 유포시키는 게 어떨까?"

"……."

놀라 돌아보니 필립이 유혹적인 미소를 머금은 채 서 있었다. 필립의 얼굴을 들여다보며 세라가 이상하다는 듯 물었다.

"정말…… 사진들을 공개해도 괜찮을까?"

"주노는 학교에서는 물론 팬들한테까지 이지가 사촌 동생이라고 속였어. 둘이 남매가 아니란 사실이 밝혀지면 엄청난 악플에 시달릴걸. 그 정도면 훌륭한 복수가 되지 않을까?"

"하지만 너는 이지를 좋아하고 있잖아?"

세라의 질문에 필립의 표정이 묘하게 변했다.

"흐음……."

"무슨 대답이 그래? 좋아한다는 거야, 아니라는 거야?"

필립이 희미하게 웃었다.

"물론 좋아해. 그러니까 이지를 가운데 두고 하주노와 멱살까지 잡았지."

"그런데 왜 사진을 공개하라는 거야? 그럼 이지도 피해를 입을 게 뻔한데."

필립이 입으론 웃으며 눈을 반짝 빛냈다.

"나는 말이야, 이지를 내 여친으로 만들려면 일단 하주노에게서 떼어 놓아야 한다고 생각해. 그러려면 어떻게 해야 할까?"

"아……."

그제야 세라가 눈을 크게 떴다.

"두 사람이 함께 있을수록 비난받는 상황을 만들자는 거구나?"

"딩동댕~"

필립이 세라의 얼굴을 가리키며 히쭉 웃었다. 하지만 세라의 표정은 밝아지지 않았다. 세라는 이지의 밝게 웃는 얼굴을 떠올리고 있었다. 이지에게 세라가 그런 것처럼 세라에게도 이지는 좋은 친구였다. 이지는 순수했고, 질투하지 않으며, 친구를 배려할 줄 알았다. 불과 얼마 전까지만 해도 이지는 늘 함께하고 싶은 세라의 베스트프렌드였던 것이다. 그런 이지에게 큰 피해가 갈지도 모를 폭로라니, 망설여질 수밖에 없었다.

입술을 잘근잘근 깨물며 고민하는 세라의 얼굴을 필립이 미소를 머금은 채 보고 있었다.

그 후 며칠은 이지에겐 정말 힘든 시간이었다. 제주도까지 쫓아와 사랑을 고백하는 듯했던 주노는 언제 그랬냐는 듯 까칠한 주인으로 돌아가 버렸다. 그런 주노와 한 집에 살고 있는 것 자체가 이지에게는 고통이었다.

학교는 학교대로 지옥으로 변했다. 유일한 단짝이자 방패막이였던 세라마저 등을 돌리자 반애들은 본격적으로 이지를 왕따시키기 시작했다. 괜히 이지를 째려보며 지나갔고, 화장실에서 자기들끼리 수군거리다가도 이지만 들어오면 입을 꾹 다물었다. 사람이 사람에게 상처를 주는 것이 얼마나 간단한 일인지, 단지 적의를 품고 있는 것만으로도 상대에게 상처를 입힐 수 있다는 사실을 이지는 새삼 깨닫게 되었다.

아아……, 청춘이여! 제발 빨리 지나가 다오!

금요일 오전, 이지는 시무룩하게 책상 앞에 홀로 앉아 있었다. 그때 핸드폰이 짧게 진동했다. 화면을 들여다보니 카톡 메세지가 와 있었다. 카톡을 확인하던 이지의 눈이 커다래졌다. 메세지를 보낸 사람은 다름 아닌 세라였던 것이다.

"세, 세라야."

눈물이 날 정도로 반가운 마음에 이지는 다른 친구와 앉아 있는 세라를 휙 돌아보았다. 하지만 세라는 핸드폰에 시선을 고정시킨 채 문자판만 꾹꾹 눌렀다.

[윤이지, 하나만 묻자.]

[얼마든지♥♥♥♥]

[나 장난할 기분 아니거든. 그러니까 하트 같은 거 날리지 말고 똑바로 대답해.]

[알았어. 미안.]

갑자기 문자가 끊겼다. 힐끗 돌아보니 세라는 크게 심호흡하며 감정을 다스리고 있는 것처럼 보였다. 한참만에야 다시 문자가 도착했다.

[주노 선배 말이야……]

[응.]

[너랑 사촌이 아니라는 건 알겠는데, 둘이 정말 아무 사이도 아닌 거니?]

이번엔 이지가 잠시 망설였다. 자신이 어느새 하주노란 남자에게 마음을 빼앗기고 있는 것만은 분명했기 때문이다. 주노가 갑자기 제주도에 나타났을 때, 필립의 고백을 받아들이지 못하도록 방해했을 때, 이지는 그도 자신과 같은 마음일 거라고 확신했다.

　하지만 서울로 돌아와 보니 변한 건 아무것도 없었다. 하주노는 다시 괴팍한 주인으로 돌아왔다. 그의 눈에는 자신이 꼬박꼬박 밥을 차려 주는 메이드로 밖에 보이지 않는 것이다. 그렇다면 이지도 꼭 그만큼의 거리를 두고 그를 대할 수밖에 없지 않겠는가.

　결심을 굳힌 이지가 서둘러 문자판을 눌렀다.

　[여러 사정이 있어서 사촌이라고 거짓말을 했어. 하지만 그 외에 우리 두 사람은 그냥 메이드와 고용주일 뿐이야. 이 말만은 믿어도 좋아, 세라야.]

　[메, 메이드와 고용주? 그럼 네가 주노 선배의 메이드란 말이야? 저택에서 사는 것도 메이드 일 때문이고?]

　[그래.]

　[완전 대박…!]

　[어쩌다 보니 그렇게 되었어.ㅠㅠ]

　[그 말, 이번엔 정말이니?]

　[그렇다니까.]

　[하지만 넌 이미 여러 번 나를 속였어.]

　[그건 정말 미안. 마지막으로 한 번만 더 믿어 주면 안 될까? 응?

응?♥♥♥♥♥]

　세라의 경고에도 불구하고 이지는 엄청난 하트 폭탄을 퍼부었다. 그렇게 해서라도 단 하나뿐인 친구를 잡고 싶은 마음이 간절했기 때문이다. 그러나 세라로부터 답장은 없었다. 이지는 괜히 하트를 보냈나 보다 후회를 하기 시작했다.

　풀썩!

　순간, 누군가 옆자리에 엉덩이를 붙이고 앉는 소리가 들렸다.

　"세, 세라야?"

　옆자리로 돌아온 세라를 돌아보는 이지의 눈이 커다래졌다. 어안이 벙벙한 이지의 얼굴을 뚫어져라 보던 세라가 핸드폰을 들어 보이며 확인받듯이 물었다.

　"마지막으로 한 번만 더 물을게. 너와 주노 선배는 정말 메이드와 주인, 그 이상도 이하도 아니란 말이지?"

　"목숨을 걸고 맹세할 수도 있어."

　"으음……"

　정색하는 이지의 얼굴을 들여다보다가 세라가 나직이 말했다.

　"실은 내일이 내 생일이야. 방과 후에 반애들과 조촐한 파티를 열기로 했어. 너도 오고 싶으면 오든가."

　"당연히 가야지!"

　이지는 너무 기뻐 눈물이 흐를 것 같았다. 순간 세라의 눈이 반짝 빛났다.

"단, 조건이 있어."

"조건이라니?"

"내일 파티에 주노 선배도 불러줘. 그리고 그 자리에서 나는 주노 선배에게 정식으로 프러포즈할 생각이야."

"……."

이지는 갑자기 꿀 먹은 벙어리가 되었다. 주노가 세라의 프러포즈를 받아줄 것인가? 아니, 그보다 먼저 일 학년 후배의 생일 파티에 와 주기나 할까? 고민에 잠긴 이지의 얼굴을 세라가 뚫어져라 보았다. 세라를 실망시키고 싶지 않은 이지는 앞뒤 가리지 않고 결국 이렇게 대답하고 말았다.

"알았어. 무슨 수를 써서라도 주노 선배를 데려갈게."

"고마워, 이지야. 넌 역시 나의 친구야."

"선배, 부탁할게요. 앞으로 선배가 먹고 싶은 메뉴는 무엇이든 만들어 바칠게요. 그러니까 제발요. 응? 응?"

그날 저택으로 돌아온 이지는 주노 앞에 무릎까지 꿇은 채 애원하고 있었다. 하지만 주노는 요지부동이었다.

"글쎄, 내가 왜 일 학년의 생일 파티에 가야 하냐고. 그것도 썩 마음에 들지 않는 세라인가 뭔가 하는 녀석 때문에 말이야."

"세라가 우리 사이를 오해하고 있다고 말했잖아요."

"그러니까 오해하게 내버려 두라고. 그런 애들의 열등감까지 다

받아 주다간 피곤해서 살 수가 없어요."

울컥한 이지가 주노를 콱 째려보았다.

"왜 그런 눈으로 봐?"

"남의 말하듯 하지 말아요!"

이지가 버럭 소리를 지르자 주노는 질겁했다.

"왜 소리는 지르고 난리야?"

"세라와 나의 관계가 왜 틀어졌는데요? 다 선배 때문이잖아요. 선배는 무시하라고 말하면 그만이지만 학교에서 유일한 친구인 세라한테조차 말도 못 붙이는 나는 힘들어 죽을 지경이라고요!"

그동안 당해온 서러운 일들이 한꺼번에 떠오르자, 이지는 목이 콱 메었다. 눈물까지 글썽이는 이지의 얼굴을 황당한 듯 보다가 주노가 마지못해 물었다.

"그 파티에 가서 난 대체 뭘 어쩌면 되는데?"

이지가 손등으로 눈물을 훔치며 배시시 웃었다.

"그냥 세라랑 즐겁게 웃어 주고, 남친처럼 다정하게 사진 몇 방 찍어주면 돼요."

"남친이라고……?!"

펄쩍 뛰는 주노에게 이지가 재빨리 변명했다.

"누가 진짜 남친이 되래요? 그냥 내일 하루만 남친인 척, 그렇게 대해 달라는 거죠."

이지는 차마 세라의 프러포즈 계획에 대해선 털어놓지 못했다. 그랬다간 주노가 세라의 생일 파티에 참석할 가능성이 아예 사라질 것 같았기 때문이다. 최대한 불쌍한 표정을 짓는 이지의 얼굴을 떨떠름하게 보다가 주노가 마지못해 말했다.

"그래서 내일 몇 시에 어디로 가면 되는데?"

사랑 따윈 믿지 않겠어

　다음 날 방과 후, 세라의 생일 파티는 학교 근처 패밀리레스토랑에서 열렸다.
　풍선이 주렁주렁 매달린 레스토랑 천장에 설치된 대형 멀티비전에 유치원생 때부터 현재까지의 세라의 역사가 뮤직비디오 화면처럼 흐르고 있었다. 이지는 세라와 같은 테이블에 앉아 화면을 보고 있었다. 하지만 이지의 신경은 온통 자신과 세라 사이에 앉아 있는 주노에게 집중되어 있었다. 주노는 간신히 화를 참고 있는 표정이었다.
　'제발 선배…… 나를 봐서 조금만 더 참아 줘요…….'
　이지는 기도하는 심정으로 주노의 딱딱하게 굳은 옆얼굴을 힐끔거렸다. 이때 맞은편에 앉아 있던 필립이 주노를 자극했다.
　"큭큭……. 삼 학년 선배가 일 학년 노는 데 와서 뭐하는 짓이야?

설마 과거가 그리워진 건 아니겠지?"

"으음……."

주노는 정말로 간신히 참고 있었다. 필립의 도발에 주노가 폭발하기 전 이지가 먼저 필립에게 한 방 날렸다.

"필립, 왜 쓸데없는 말을 하고 그래? 세라의 파티 망치면 네가 책임질 거야?"

이지의 협박은 나름 효과를 발휘해 필립은 즉시 비아냥거림을 멈췄다. 하지만 견원지간인 필립과 주노 두 사람은 서로의 얼굴을 여전히 째려보고 있었다. 어차피 둘이 한 공간에 있는 한, 어떤 식으로든 사고가 터질 것이라는 생각에 이지는 불안하게 세라를 돌아보았다. 세라야, 시간이 별로 없어. 고백이든 프러포즈든 빨리 해치우란 말이야.

파앗!

순간 레스토랑 안의 모든 불이 꺼졌다. 동시에 달달한 음악과 함께 멀티비전에 세라와 주노의 모습이 나란히 떠오르는 것이 아닌가. 두 사람은 마치 연인처럼 서로의 얼굴을 마주보며 다정하게 미소 짓고 있었다. 하지만 서로의 시선이 정확히 일치하지 않는 것으로 보아 합성사진이란 걸 곧 알 수 있었다.

"저 사진은 뭐지?"

"설마 세라와 주노 선배가 사귀는 거야?"

"와우~ 그렇다면 진짜 쇼킹한 뉴스인데?"

반애들이 웅성거리는 가운데 세라가 천천히 일어섰다. 그리고 주노를 향해 손을 내밀었다. 이지는 초긴장 상태에서 주노를 보고 있었다. 어둠 때문에 주노의 표정을 확실히 읽을 수는 없었다. 하지만 이 상황은 자신이 주노에게 미리 설명해 주지 않은 것이다. 주노가 지금이라도 당장 분노를 폭발시킬 것만 같아 이지는 가슴이 두근거렸다.

하지만 이지의 걱정은 곧 기우로 밝혀졌다. 주노가 순순히 세라가 내민 손을 잡고 일어섰던 것이다. 어안이 벙벙한 이지를 남겨둔 채 세라와 주노는 손을 맞잡고 레스토랑 한복판으로 걸어 나갔다. 그런 두 사람을 이지와 필립 그리고 반 친구들이 숨을 죽인 채 지켜보았다. 마침내 세라와 주노는 자신들의 모습이 떠올라 있는 멀티비전 바로 아래에 마주섰다.

"설마 주노 선배도 세라를 은근히 좋아하고 있었다는 건가?"

두 사람을 지켜보며 이지는 혼란스러웠다. 천하의 하주노가 이런 상황에서 세라가 이끄는 대로 고분고분 따라 나갔다는 사실 자체가 믿기 힘들었다. 놀라움이 섭섭함으로 변하는 데는 그리 오랜 시간이 필요하지 않았다. 무언가 불분명한 감정이 꿈틀대는 심장 부분을 손바닥으로 지그시 누르며 이지는 속으로 중얼거렸다.

'왜 또 이러는 거야, 윤이지? 설마 아직도 주노 선배한테 뭔가를 기대하고 있어? 유치하게 굴지 말고 제발 그만둬. 저 남자는 너를 메이드 이상으론 생각하지 않는다고.'

스스로를 달래려는 이지의 노력은 세라가 주노에게 붉고 탐스러운 장미꽃을 건네는 순간, 물거품이 되고 말았다. 세라는 주노를 향해 당당하게 말했다.

"나, 선배를 진심으로 좋아해요. 매일 잠자리에 들기 전 그리고 매일 아침 눈을 떴을 때 제일 먼저 선배의 얼굴이 떠올라요. 선배가 만약 이 꽃을 받아 준다면 나는 선배의 예쁘고 착한 여자친구가 되겠어요. 저의 순수한 마음을 받아 주지 않겠어요, 선배?"

"……받아 주지 않겠어요, 선배?"

이지는 저도 모르게 세라의 마지막 말을 따라하고 있었다. 세라가 진심으로 부러웠다. 세라의 솔직함과 당당함이 견딜 수 없을 정도로 부러웠다. 나도 세라처럼 당당할 수 있었다면 주노 선배가 나를 메이드가 아닌 여자친구로 봐 주지 않았을까? 아쉬움과 후회가 거친 파도처럼 가슴을 때렸다. 이지는 주노가 세라의 꽃다발을 받을 수밖에 없을 것이라고 생각했다. 저렇게 진실한 프러포즈를 누군들 거절할 수 있겠는가? 하지만 가슴 저 밑바닥에선 간절한 외침이 메아리처럼 울려 퍼지고 있었다.

'받지 마…… 받지 마…… 제발 그 꽃을 받지 마!'

이지의 기대와는 달리 주노의 오른손이 천천히 움직이기 시작했다. 잠시 망설이는 듯하던 그의 하얀 손이 마침내 꽃다발을 받았다.

"오오……!"

"지, 진짜 받았어……!"

동시에 파티장 곳곳에서 탄성이 새어나왔다. 이지도 아쉬움이 짙게 배인 한숨을 내쉬었다. 어차피 하주노는 윤이지보단 정세라와 어울리는 남자야. 울지 마, 윤이지. 여기서 울면 넌 정말 패배자가 되는 거야. 이지는 억지로 웃으며 환호하는 친구들을 따라 세차게 손뼉을 마주쳤다.

"축하해요, 주노 선배!"

"정세라, 파이팅!"

주노가 꽃다발을 머리 위로 번쩍 들어 올린 것은 그때였다. 주노의 갑작스런 행동에 떠들썩하던 파티장은 순식간에 정적에 휩싸였다. 그 상태로 한동안 친구들을 둘러보던 주노의 시선이 이지에게 딱 고정되었다.

"왜…… 왜 또……?"

복잡한 감정에 빠져 있던 이지는 퍼뜩 정신을 차렸다. 주노가 저런 개구쟁이 같은 눈빛을 할 때는 위험한 것이다. 그때마다 그는 꼭 예측불허의 행동으로 주위를 경악하게 만들곤 했다.

이지의 예상은 이번에도 정확했다. 실실 웃으며 이지를 바라보던 주노가 꽃다발로 그녀의 얼굴을 가리켰기 때문이다. 세라와 필립을 비롯한 모든 친구들의 시선이 이지에게로 집중되었다. 졸지에 스포트라이트를 받게 된 이지는 당황했다.

"하하……. 나, 나는 아무 짓도 안 했어. 정말이야."

하도 이곳저곳에서 치이다 보니 일단 다른 아이들의 시선이 집중되면 무조건 변명부터 하게 되는 모양이다. 그렇게 당황하는 이지를 향해 주노가 꽃다발을 든 채 뚜벅뚜벅 걸어왔다. 그리고 이지의 눈

앞으로 불쑥 꽃다발을 내밀었다. 풍선처럼 부풀어 오른 긴장감 때문에 패밀리레스토랑 전체가 펑 터져 버릴 것 같았다.

이지는 마치 세상의 끝에서 주노와 단둘이 남겨진 듯한 중압감을 느끼며 유난히 붉은 꽃과 그 너머 장난꾸러기 같은 주노의 얼굴을 멍하니 바라보았다. 이지는 본능적으로 주노가 무슨 짓을 하려는지 알아차렸다. 오, 안 돼! 제발 그것만은 하지 마!

하지만 언제나 이지의 기대를 저버리는 주노의 붉은 입술은 마침내 천천히 열리고야 말았다.

"이 꽃을 받아 주겠니, 윤이지? 네가 나의 순수한 마음을 받아 주었으면 좋겠어."

주노는 세라의 프러포즈를 그대로 흉내 내고 있었다. 이것은 세라에 대한 엄청난 모욕이 아닐 수 없었다. 이지의 눈이 주노 뒤쪽에 우두커니 서 있는 세라에게로 향했다. 맹세컨대, 세라는 중학생의 표정이라고는 도저히 믿을 수 없는 참혹한 표정으로 서 있었다. 살벌한 적의가 일렁이는 그녀의 눈은 정확히 목표물에 꽂혀 있었다. 놀랍게도 그 대상은 주노가 아니라 이지였다.

'왜…… 왜 나야……? 잘 생각해 봐, 세라야. 난 너한테 아무 짓도 하지 않았어. 네게 상처를 준 사람은 내 앞에서 꽃다발을 내밀고 있는 바로 이 사이코라고!'

하지만 이지는 알고 있었다. 자신의 마음이 세라에게는 결코 전달되지 않으리란 사실을. 그리고 하주노의 파격적인 행동으로 결국 자신만 또 피해를 입을 것이란 사실을 말이다.

대체 왜 나를 그냥 내버려두지 않는 거지? 내가 진짜 원하는 것은 지금껏 그래왔던 것처럼 그냥 조용히 살아가는 것이란 말이야. 그게 그렇게 욕심이야? 더 이상 항의할 힘도 없어 이지는 고개를 푹 숙여 버렸다. 바로 그때 엉뚱한 곳에서 성난 고함이 터져 나왔다.

"지금 장난해? 왜 다른 아이한테 받은 꽃다발을 이지한테 내미는 거야? 이지가 무슨 거지인 줄 알아?!"

이건 또 웬 백기사? 휘둥그레진 눈으로 돌아보니, 자리를 박차고 일어나 주노를 향해 똑바로 걸어오는 필립이 보여다. 이지의 안색이 다시 확 일그러졌다. 이필립, 그냥 앉아 있어! 너까지 나서면 그야말로 하주노, 정세라, 이필립의 트러블 3종 세트가 총출동하는 거란 말이야! 이지는 재빨리 일어서며 필립을 막으려고 했다. 하지만 주노가 조금 더 빨랐다.

퍼억!

"우왁!"

꽃다발을 휘둘러 필립의 머리를 후려쳐 버린 것이다. 붉은 꽃잎이 눈처럼 점점이 흩날리는 모습은 묘하게도 비현실적이었다. 이지는 멍하니 서서 마치 영화 속의 주인공들처럼 보이는 주노와 필립, 세라의 얼굴을 천천히 둘러보았다.

주노가 그녀의 손을 세차게 움켜잡은 것은 바로 그때였다. 미처 반항할 틈도 없이 주노는 이지의 손을 잡아끌며 도망치듯 패밀리레스토랑을 빠져나갔다. 당황하는 이지의 뒤쪽에서 세라와 필립의 성난 고함이 들려왔다.

"윤이지, 너 가만두지 않을 거야!"

"하주노, 이지를 돌려줘!"

이지와 주노는 흰색 스쿠터를 타고 달리고 있었다. 정확히 말해 이지는 주노가 운전하는 스쿠터의 뒷자리에 앉아 그의 허리를 단단히 끌어안은 채였다. 오후의 햇살이 강렬한 강변로를 질주하며 주노는 소리를 질렀다.

"우와아~ 바람 한 번 시원하다!"

아찔한 속도감 때문에 주노의 허리를 더욱 단단히 안으며 이지가 큰소리로 물었다.

"대체 왜 그랬어요?"

"내가 뭘?"

"세라의 생일 파티에서 왜 그런 엉뚱한 짓을 했냐고요!"

"……."

주노는 선뜻 대답하지 않았다. 이지가 재촉했다.

"세라가 어떤 마음으로 꽃을 주었는지 몰랐어요? 선배는 오늘 그 아이한테 너무 잔인했어요."

"약이 올랐어."

"그건 또 무슨……?"

황당한 표정을 짓는 이지를 아는지 모르는지 주노가 말했다.

"너는 세라가 고백하리란 걸 미리 알고 있었지?"

"그…… 그건……."

"그걸 알고 있으면서도 나한테는 그냥 파티에 참석만 해 주면 된다고 말했어. 안 그래?"

"……."

"그걸 알아차린 순간 약이 바짝 오르더군. 그래서 장난을 좀 쳤지."

예, 그렇군요. 선배는 장난으로 연못에 돌멩이를 하나 던졌군요. 하지만 윤이지란 이름의 개구리는 그 돌에 맞아 사망할 수도 있답니다. 분노와 배신감에 치를 떨던 세라의 모습을 떠올리며 이지는 속으로 씁쓸히 중얼거렸다.

여름 강은 새파랬다. 파란 수면에 햇빛이 하얗게 부서지고 있었다. 아찔할 정도로 진한 물비린내와 풀 냄새를 맡으며 이지는 어느새 여름이 깊어지고 있음을 깨달았다. 자신이 슬프든 기쁘든, 시간은 흐르고 계절이 바뀌어 가고 있다고 생각하니 왠지 모든 일들이 대수롭지 않게 느껴지기 시작했다. 어차피 일은 벌어졌고, 되돌리기엔 늦어 버린 것이다.

잠시 후, 이지와 주노는 한강 둔치에 스쿠터를 세워 놓고 나란히 앉아 있었다. 후끈하게 달아오른 한여름의 둔치는 산책객 한 명 없이 한산했다. 주인을 잃은 지저분한 개 한 마리가 두 사람 앞을 느릿 느릿 지나갔을 뿐이다.

　두 사람은 아무 말 없이 잔잔한 강물을 바라보았다. 하얀 갈매기 두 마리가 파란 강 위를 쫓고 쫓기며 비행하고 있는 게 보였다. 저 녀석들은 대체 어디서 날아왔을까? 이 강에서 그리 멀지 않은 곳에 바다가 있다는 걸까? 신기한 듯 갈매기들을 올려다보며 이지는 혼자만의 생각에 잠겨 있었다. 덥혀진 땅과 열기와 파란 강 그리고 하얀 갈매기의 조합은 묘하게도 몽환적인 분위기를 연출했다. 왠지 이지는 자신과 주노가 앉아 있는 모습을, 이 공간 바깥쪽에서 제삼자를 바라보듯 보고 있는 느낌이 들었다.

　이지가 먼저 주노를 돌아보았는지, 주노가 먼저 보았는지 정확하지는 않다. 어느 순간부터 두 사람은 서로의 얼굴을 빤히 보고 있었다. 보통 사람보다 크고 새까만 주노의 눈동자를 보며 이지는 블랙홀을 떠올렸다. 엄청난 중력으로 주변의 모든 것들을 빨아들이는 블랙홀에 빠진 것 같았다.

　순간 주노의 손이 자신의 손을 살며시 잡는 것을 느끼며 이지는 멈칫했다. 단지 손을 잡았을 뿐인데, 척추를 타고 미세한 전류 같은 것이 찌르르 흘렀다. 오후의 텅 빈 강변에서 두 사람은 그렇게 손을 잡은 채 같은 곳을 응시하고 있었다. 시간은 강물만큼이나 느리게 흘렀고, 이지는 주노와 함께 느끼는 이 충만한 감정이 언제까지나 계속되기를 바랐다.

　주노가 마치 다른 사람의 이야기를 하듯 무심하게 말했다.

"제주도에서는 진심이었어."

"예?"

황당한 듯 되묻는 이지의 얼굴을 돌아보며 주노가 또박또박 힘주어 반복했다.

"제주도에서는 진심이었다고."

뭐야, 천하의 하주노가 설마 얼굴을 붉히고 있는 거야? 이지는 주노의 갑작스런 고백보다 그의 새하얀 볼이 빨갛게 물든 것이 오히려 신기해 빤히 들여다보았다. 주노가 이지의 시선을 외면하며 말했다.

"나 목이 굉장히 말라. 우리 뭐 좀 마실까?"

그러고 보니 이지도 심한 갈증을 느꼈다. 고개를 돌려 보니, 널찍한 잔디밭 한복판에 우두커니 서 있는 24시 편의점이 보였다. 2층짜리 편의점 건물은 수십 년 동안 그 자리에 서 있었던 듯 굉장히 낡아 보였다. 편의점보다는 입구에 놓여 있는 파란색 비치파라솔이 오히려 인상적이었다. 그것은 묘하게도 먼 옛날 우연히 들른 휴가지를 떠올렸다. 가장 행복했다고 여겨지는 유년기의 어린 휴가지 말이다.

주노가 갑자기 이지의 손을 잡고 편의점을 향해 뛰기 시작했다. 두 사람이 발을 내딛을 때마다 풀잎이 흩날리며 이름 모를 풀벌레들이 날아올랐다.

숨을 헐떡이며 편의점 문을 밀고 들어가니 심드렁한 표정의 아르바이트생 언니가 대걸레로 편의점 바닥을 벅벅 문지르고 있었다. 언니가 이지와 주노를 슬쩍 흘겨보았다. 아직 머리에 피도 안 마른 것들이……. 아르바이트생 언니는 그렇게 말하고 싶어 하는 것 같았다. 그런 언니를 무시하고 이지와 주노는 마실 것을 골랐다. 둘 다 차가운 레몬에이드였다. 그리고 밖으로 나와 파라솔 아래 나란히 앉아 레몬에이드를 마셨다.

"오옷……!"

이지와 주노의 입에서 거의 동시에 짧은 탄성이 새어나왔다. 너무 차갑고, 너무 달콤했던 것이다. 레몬에이드 한 잔에 행복을 느끼며 이지는 한결 여유로워진 시선으로 강을 바라보았다. 어쩌면 먼 훗날 생의 첫사랑을 회상할 때 애틋함이나 설렘 같은 추상적인 감정이 아니라, 이 차디찬 레몬에이드가 제일 먼저 떠오를지도 모른다. 우리도 언젠가는 서로를 추억으로 떠올리게 될까?

그대로 광고를 찍어도 될 정도로 근사하게 음료수를 마시는 주노의 옆얼굴을 힐끔거리며 이지는 생각했다. 불현듯 떠오른 그 생각은 이지를 약간 슬프게 만들었다. 이지는 주노가 자신에게 처음 마음을 열어 준 지금 이 순간을 영원히 가슴에 담아두고 싶어 그의 옆얼굴을 뚫어져라 보았다.

부우우-!

핸드폰 진동음이 울린 것은 그때였다. 그 현실적인 소리는 몽롱하던 이지의 의식을 현실로 확 끌어당겼다. 주노가 화면을 들여다보며 고개를 갸웃했다.

"송 사장이 웬일이지?"

송 사장은 주노의 아이돌 가수 시절 기획사 사장이었다. 송 사장이란 이름을 듣는 순간, 이지는 주노가 요즘 가요계 컴백을 위해 기획사와 접촉 중이라는 사실까지 떠올렸다. 전화를 귀에 댄 주노는 한동안 묵묵히 듣고만 있었다. 그러나 주노의 표정이 조금씩 굳어지는 것을 보며 이지는 무언가 일이 터졌음을 직감했다. 한참만에야 주노가 착 가라앉은 목소리로 말했다.

"그러니까 제주도에서 나와 필립이 주먹질한 사진이 인터넷을 통해 급속히 유포되고 있다는 건가요?"

"그…… 그게 무슨……?"

흠칫 놀라는 이지에게 시선을 옮기며 주노는 다시 물었다.

"대체 누가 그 따위 사진을 유포시켰다는 거예요? 뭐요? 지노진?"

순간 이지는 기절할 듯한 표정을 짓고 말았다. 패밀리 레스토랑을 도망치듯 빠져나오는 자신의 등 뒤에서 소리치던 세라의 모습이 떠올랐다.

"윤이지, 가만두지 않을 거야!"

세라라면 충분히 그럴 만하다고 이지는 생각했다. 원래 사랑에는 대가가 따르는 법. 질투의 불길에 휩싸인 세라가 그 사진을 가지고 있으면서도 가만히 있었다면 오히려 이상할 일일 것이다. 하지만 주노의 생각은 다른 것 같았다. 통화를 끝낸 주노의 입가에서 달콤한 미소의 흔적은 깨끗이 사라진 후였다.

입을 굳게 다문 채 골똘히 생각에 잠긴 주노의 얼굴을 불안하게 지켜보다가 이지는 말했다.

"너, 너무 걱정하지 마요. 무슨 일이 생기면 내가 다 책임질게요."

"어떻게 책임질 건데?"

"예?"

자신을 째려보는 주노의 눈빛이 너무 낯설어 이지는 깜짝 놀랐다. 당황하는 이지를 향해 주노가 따지듯이 물었다.

"그러니까 어떻게 책임져 줄 거냐고?"

"그…… 그야…….”

생각해 보니 이지가 할 수 있는 일이란 없었다. 이지는 오늘의 짧은 도피 행각으로 주노와 자신이 매우 특별한 관계가 되었다고 믿고 있었다. 그래서 주노가 곤경에 빠졌다면 어떠한 희생을 치르더라도 돕고 싶다는 마음을 전달한 것이다. 그런데 주노의 쌀쌀맞은 태도는 이번에도 이지가 무언가 단단히 착각하고 있음을 깨닫게 해 주었다. 이지의 대답을 들을 필요도 없다는 듯이 주노가 박차고 일어섰다.

"최대한 빨리 집으로 돌아가야겠어!"

주노는 스쿠터가 세워진 곳으로 빠르게 걸음을 옮겼다. 이지도 시무룩한 얼굴로 따라갔다.

집을 향해 달려가는 내내 주노는 한 마디도 하지 않았다. 이지는 그가 무슨 생각을 하고 있는지 너무 궁금했지만 차마 물어볼 수가 없었다. 어느새 노을이 깔리기 시작한 강변을 돌아보며 이지는 왠지 오늘 하루가 꿈처럼 느껴졌다.

저택에 도착했을 때는 날이 이미 어두워져 있었다. 하지만 대문 앞은 대낮처럼 환했다. 열 대도 넘는 방송국 차량들이 도착해서 환하게 조명을 비추고 있었기 때문이다. 스쿠터를 세우고 대문을 향해 걸어가는 주노와 이지를 향해 대기하고 있던 기자들이 우르르 몰려들었다.

"주노 씨, 사촌 동생이라고 했던 윤이지 양이 실은 여자친구라는 게 사실입니까?"

"왜 팬들과 친구들을 속였습니까? 한 마디만 해 주세요!"

"이지 양, 친척도 아니면서 주노 씨와 한집에서 동거하고 있는 이유는 뭔가요?"

굶주린 하이에나 떼처럼 몰려들어 카메라와 마이크를 들이미는 기자들을 뚫고 주노와 이지는 간신히 걸음을 옮겼다. 소속사에서 나온 매니저들이 필사적으로 기자들을 막았지만 역부족이었다.

"윤이지, 이 불여우! 정의의 심판을 받아랏!"

퍽!

이때 어디선가 날아온 달걀 하나가 이지의 이마에 꽂혔다. 끈끈한 내용물이 주르륵 흐르는 가운데 돌아보니 또래의 여학생 몇이 주먹을 흔들며 야유를 퍼붓고 있었다. 학교 앞에서 진을 치고 있던 주노의 팬들이 분명했다.

주노도 눈을 크게 뜨고 계란 범벅이 된 이지를 돌아보았다. 이지는 주노가 따뜻한 위로의 말 한 마디라도 해 주길 바랐다. 그러나 아주 짧은 순간 이지의 얼굴에 시선을 고정시키고 있던 주노는 매니저들

과 함께 휑하니 돌아섰다. 그런 주노의 뒷등을 보며 이지는 형언하기 힘든 섭섭함을 느꼈다. 눈물을 억지로 참으며 이지는 주노를 따라 급히 걸음을 옮겼다.

"컴백을 앞두고 이런 복잡한 상황을 만들면 어떡하나?"
 저택의 거실 소파에 한쪽 다리를 꼬고 앉아 있는 주노를 향해 배불뚝이 송 사장은 화를 내고 있었다. 이지는 기가 팍 죽은 채 주노의 옆에 엉거주춤 서 있었다.
 "3P를 해체한 후 주노가 솔로로 컴백하는 거라 중요하다고 누누이 강조했건만……."
 주노가 스윽 손을 들어 끊임없이 투덜대던 송 사장의 입을 막았다. 주노에게 당한 화풀이라도 하려는 듯이 송 사장이 이지를 향해 눈을 부라렸다. 이지는 왠지 죄인이 된 것만 같아 전전긍긍했다. 주노가 힐끗 이지를 보며 지극히 사무적인 투로 말했다.
 "이지는 일단 집으로 돌아가는 게 좋겠어."
 "우, 우리 집으로요?"
 주노가 태연히 고개를 끄덕였다.
 "너와 내가 사촌이 아니라는 게 밝혀진 이상, 여기 계속 머물면 이상한 소문만 번져 나갈 거야."
 송 사장이 맞장구를 쳤다.
 "오랜만에 옳은 결정을 내리는군. 늦었지만 잘 생각했어."

"하지만 지금 집으로 가면 기자들이 쳐들어올 텐데요. 이 저택은 담장이 높고, 지키는 사람들도 있어서 기자들이 함부로 들어오지 못하지만, 우리 집은 순식간에 아수라장이 되고 말 거예요."

"그래서 나보고 어쩌라고?"

"……!"

짜증을 부리는 주노의 말과 태도에 이지는 큰 충격을 받았다. 어떻게 이리도 무책임할 수가! 이지는 어느 순간부터 자신이 그의 짐이 되어 버린 것만 같아 견딜 수가 없었다. 입술을 지그시 깨물고 있다가 이지는 피식 웃어 버렸다.

"하긴 선배는 언제나 제멋대로였으니까."

그 말만 남기고 이지는 돌아섰다. 얼굴이 벌겋게 달아오른 채 현관을 향해 빠르게 걸어가는 이지를 거실에서 대기 중이던 매니저들이 동정 어린 시선으로 쳐다보았다. 현관 문고리를 돌릴 때까지 이지는 혹시 주노가 자신을 불러 주지 않을까 하는 기대를 품어 봤지만 그런 일은 일어나지 않았다.

철컥!

등 뒤에서 문이 닫히는 차가운 금속성을 들으며 이지는 두 번 다시는 하주노를 믿지 않겠다고 결심하고 있었다.

언제나 그렇듯 걱정했던 일은 현실이 되어 나타났다. 기자들이 몰려들어 이지와 부모님의 보금자리인 다세대주택을 쑥대밭으로 만든 것이다. 결국 주노와 사촌이라고 친구들에게 거짓말을 했다는 사실까지 언론을 통해 까발려지며 이지는 빠르게 고립되어 갔다. 인터넷이나 언론을 통해 이지는 마치 가난을 숨기고 자신의 허영심을 충족시키기 위해 집을 나간 비행소녀처럼 묘사되었다. 인터넷 기사 밑에는 이지가 얼마나 뻔뻔하고 가증스런 아이인지에 대한 나래중학교 학생들의 증언이 줄을 이었다.

아…… 이래서 댓글 때문에 자살에까지 이르는 거구나?

저주에 가까운 댓글들을 읽으면서 이지는 억울함을 넘어 삶에 대한 회의가 밀려드는 것을 느꼈다. 이지는 결국 앓아눕고 말았다. 지독한 감기 몸살에 열이 40도까지 오르내렸다.

이지가 아파하는 동안 엄마와 아빠도 많이 힘들었다. 두 분은 자식을 정직하지 못하게 키운 부모로 낙인찍혔다. 이지는 자신 때문에 부모님까지 손가락질 받는 것 같아 가슴이 아팠다. 밤마다 베개가 축축해질 정도로 눈물을 흘리다 새벽녘에야 간신히 잠들곤 했다. 이지와 가족이 시련을 겪는 동안 주노에게선 전화 한 통 걸려오지 않았다.

닷새째 아침에 이지는 털고 일어났다. 콩나물국에 고춧가루를 듬뿍 풀어 밥 한 그릇을 뚝딱 비우는 이지를 향해 엄마는 걱정스럽게 말했다.

"정말 괜찮겠니? 웬만하면 한 일주일 더 쉬었다 나가지?"

이지가 학교에서 어떤 일을 당할지 예상한 엄마의 걱정은 이만저만이 아니었다. 하지만 이지는 고집스럽게 등교했다. 그것이 자신 때문에 매도당한 부모님에 대한 최소한의 의무라고 생각했기 때문이다.

아침부터 왁자하던 교실이 이지가 들어서자마자 정적에 싸였다. 자리를 향해 천천히 걸어가는 이지의 뒤쪽에서 반애들의 수군거림이 들렸다.

"대 저택에 산다는 말이 순 뻥이었다며?"

"로즈힐과 붙어 있는 원룸 다세대주택에 산다더라."

"주노 선배의 사촌이 아니라 메이드라지? 나 같으면 창피해서 다시는 학교에 못 나왔을 텐데."

잔인하게 수군거리는 친구들 틈에 세라도 보였다. 세라는 이제 이지의 완전한 적이 되기로 결심한 모양이었다. 늘 친절했던 필립마저 이지를 보자 고개를 돌려 버렸다.

"후아아~"

땅이 꺼져라 한숨을 내쉬며 이지는 주노 덕분에 꾸었던 그 짧고 달콤한 꿈이 과연 이만한 고통을 감수할 가치가 있는 것이었는지 곰곰이 따져 보고 있었다.

하주노, 나쁜 인간! 이제 다시는 너를 믿지 않겠어!

경복궁의 닮살 커플

수업이 끝나고 교문을 빠져나오며 이지는 마치 지옥에서 탈출한 듯한 기분을 맛보았다. 정말이지 길고 고통스러운 시간이었다. 이 상태로 학교에 계속 다닐 수 있을까? 엄마한테 말해서 하루빨리 전학 수속을 밟아야 하는 것은 아닐까? 하루에도 수십 번씩 고민에 고민을 거듭했지만 이지는 그럴 때마다 고개를 가로저었다. 그렇게 떠밀리듯이 학교를 떠나고 싶지는 않았다.

만약 이지가 도망치듯 떠난다면 남아 있는 친구들은 자신들의 오해가 모두 옳았다고 생각할 것이다. 그것만은 죽기보다 싫었다. 잘난 구석보다는 못난 구석이 많은 자신이었지만 그렇게 파렴치한 사람은 아니지 않은가? 적어도 자신이 어떤 사람인지는 알려준 후 떠나도 떠나자고 이지는 어금니를 사리물었다.

"지겨운 기자들이 또……?!"

집 근처에 다다른 이지의 안색이 다시 어두워졌다. 기자들 대여섯이 집 앞을 서성이고 있는 걸 발견했기 때문이다.

TV 연예 뉴스에선 주노의 솔로 컴백이 멀지 않았다는 보도가 계속되고 있고, 주노가 주목받으면 받을수록 이지도 함께 주목을 받았다. 물론 순진한 스타에게 들러붙어 유명세를 타려 했던 허영심 많은 철부지 소녀로 말이다. 그런 식의 왜곡된 관심에 넌더리가 난 이지는 천천히 뒷걸음질을 했다. 일단 기자들을 따돌렸다가 나중에 집으로 들어갈 생각이었다.

"어, 저기 윤이지 아닌가?"

그런데 가장 끈질기게 쫓아다니던, 얼굴 전체에 여드름이 덕지덕지 돋은 남자 기자 한 명이 이지를 발견하고 소리쳤다. 그것을 신호로 기자들이 일제히 이지를 향해 우르르 달려들었다. 이지는 냅다 도망치기 시작했다.

"이지 양, 거기 좀 서 봐요!"

"한두 가지만 질문하면 돼요!"

"이렇게 도망쳐서 해결될 문제가 아니잖아!"

도망치지 않으면 어쩌라고? 내가 당신들을 붙잡고 몇 번씩이나 말했잖아. 애당초 하주노를 이용할 생각은 없었다고. 악의 없는 우연한 거짓말 때문에 그의 메이드가 되었을 뿐이라고. 그런데 당신들은 내가 한 말은 한 줄도 쓰지 않고 인터넷에 떠도는 악성 루머만 마치 사실인 양 기사화했잖아.

　도망치느라 숨이 턱까지 차올랐지만 이지는 멈출 생각이 없었다. 하지만 막 감기몸살에서 회복된 이지의 체력은 그녀의 의지만큼 오래 버텨 주지는 못했다.

　"꺄악!"

　발이 엉겨 버린 이지는 비명을 지르며 쓰러졌다. 아니, 정확히 말하면 쓰러질 뻔했다. 바로 그 순간 옆 골목에서 튀어나온 누군가가 앞으로 기울이지는 그녀의 몸을 안아주지 않았다면 말이다.

　"피…… 필립……?!"

　놀란 표정을 짓는 이지를 향해 필립이 한쪽 눈을 찡긋했다.

　"세라의 생일 파티 때 하주노와 도망친 게 괘씸해서 모른 척하려고 했는데, 상황이 상황인지라 도저히 안 되겠군. 자, 나를 따라와!"

　"어어…… !"

　필립이 이지를 부축한 채 달리기 시작했다. 기자들도 포기하지 않았다. 마치 흉악범을 쫓는 형사들처럼 고래고래 소리를 지르며 기자들은 끈질기게 필립과 이지를 쫓아왔다. 한참을 달리던 두 사람의 눈앞에 제법 깊은 도랑이 나타났다. 근처에 커다란 굴삭기가 서 있는 것으로 보아 하수관 같은 것을 묻기 위해 파놓은 도랑 같았다. 넓이가 제법 되어 보였지만 골목 전체에 걸쳐 있는 저 도랑을 건너뛰지 못하면 기자들에게 붙잡힐 게 뻔했다.

　꽈악!

"……."

순간 망설이던 이지는 필립이 손을 강하게 움켜잡는 것을 느끼며 흠칫 돌아보았다. 필립이 자기만 믿으라는 표정으로 고개를 끄덕였다. 결국 이지도 고개를 끄덕이고 말았다. 그만큼 기자들에게 잡히고 싶지 않았기 때문이다.

"바로 지금!"

필립의 외침과 함께 두 사람은 동시에 부웅 몸을 놀렸다. 허공을 밟듯이 날아가는 이지의 눈에 도랑의 맞은편 땅이 다가들었다. 이지는 충분히 건널 수 있으리라 생각하고 안도했다. 하지만 안심이 너무 빨랐던 탓일까? 이지는 발목에 갑자기 무거운 추가 달린 듯 아래로 푹 꺼지는 것을 느꼈다.

"꺄아악!"

"이지야, 조심해!"

이지는 이제 곧 자신의 몸에 닥칠 엄청난 충격을 생각하며 눈을 질끈 감았다. 그런데 아무리 기다려도 충격은 느껴지지 않고 계속 떨어지는 느낌만 들었다. 도랑은 아무리 깊어 봐야 3~4m 정도인데 이지는 자신이 마치 끝을 알 수 없는 깊은 크레바스로 계속 떨어지고 있는 것만 같았다. 이대로 바닥에 처박히면 몸은 가루가 되지 않을까? 섬뜩한 공포가 엄습할 즈음, 이지의 엉덩이가 마침내 바닥에 닿았다.

쿵!

"으악!"

비명을 질렀지만 충격은 크지 않았다. 돌부리에 걸려 살짝 엉덩방아를 찧은 정도랄까? 이지는 아직 눈을 감은 채 이해하기 힘든 상황 전개에 대해 진지하게 고민하고 있었다. 그때 근처에서 누군가를 나직이 부르는 소리가 들렸다.

"소희…… 소희……. 대체 어디에 있소? 당신이 보고파 찾고 있으니, 부디 얼굴을 보이시오."

누가 길이라도 잃어 버렸나? 고개를 갸웃거리며 천천히 눈을 뜨는 이지의 시야에 제일 먼저 들어온 것은 단단히 화가 났는지 벼슬을 한껏 세운 수탉의 얼굴이었다. 수탉의 크기는 과장을 조금 보태면 진돗개만 했다. 이 닭이 대체 어디서 갑자기 튀어나왔지? 잠시 멍해져 있는 이지의 얼굴을 째려보던 닭이 날개를 퍼덕이며 달려들었다.

"꺄아악! 사람 살려!"

수탉에게 이마를 제대로 쪼인 이지가 비명을 지르며 널찍한 닭장 안을 빙글빙글 맴돌았다. 소동에 놀란 다른 닭들까지 일제히 날아오르면서 닭장 안은 그야말로 아수라장으로 변했다. 그리고 이지의 이런 행동은 수탉의 성질을 더욱 자극했다. 결국 한동안 수탉의 무차별 공격을 받던 이지는 녹초가 된 후에야 닭장 밖으로 겨우 탈출할 수 있었다.

"헥헥……! 나, 난 분명 도랑으로 떨어졌는데, 왜 갑자기 닭장으로 변한 거지?"

온몸에 닭털을 덕지덕지 붙인 채 땅바닥에 주저앉아 있는 이지의 눈앞에 누군가의 발이 나타났다. 천천히 고개를 들던 이지는 숨을 훅 들이마시고 말았다. 이지의 눈앞에 서 있는 것은 자신과 비슷한 또래로 보이는 남자아이였다. 또래의 남자아이를 보고 왜 그리 놀라느냐고 의아하게 생각하는 사람이 있을지 모른다. 문제는 바로 그 아이의 복장이었다. 아이는 사극에서나 보았던 조선시대 왕세자의 복장을 하고 있었던 것이다.

"⋯⋯!"

이지는 한동안 입을 쩍 벌린 채 부리나케 머리를 굴렸다. 이게 또 무슨 일이지? 영국으로 떨어졌다가 인도로 가더니, 다시 프랑스를 찍고 이번엔 설마 조선 시대로 떨어진 건가? 주노와 쌍둥이처럼 빼닮은 남자아이의 얼굴이 이지의 불안감을 부채질했다. 이지는 천천히 자신의 옆구리 쪽을 내려다보았다.

아니나 다를까, 겨드랑이 사이에는 닭장 속의 그 난리 통에서도 용케 무사한, 두툼한 양장본의 「세기의 로맨스」가 끼워져 있었다. 자신이 얼마 전에 이 책의 네 번째 장인 '세종대왕과 소헌왕후'를 읽고 있었다는 기억을 떠올린 이지는 순간적으로 멍해지고 말았다. 주노에 대한 실망감으로 사랑에 대한 믿음 자체를 잃어 버린 이때에 사랑을 찾아 또 다시 먼 과거로 떨어졌다는 사실이 기가 막혔기 때문이다.

혹시나 하는 마음에 급히 책장을 뒤적이는 이지의 얼굴을 가만히 들여다보던 세자 복장의 아이가 궁금해 못 견디겠다는 듯이 물었다.

"얘, 너는 이름이 뭐니? 그리고 이런 곳에서 뭘 하고 있니?"

"……."

이지는 깨끗이 무시하고 계속 책장을 펄럭였다.

"얘, 내 말이 들리지 않니? 너 혹시 귀머거리야?"

"아, 좀 조용히 해 봐! 너 때문에 찾을 수가 없잖아!"

"……."

이지가 버럭 고함을 지르자 남자아이는 움찔했다.

"혹시나 했더니……!"

마지막 기대마저 물거품처럼 사라짐을 느끼며 이지는 탄식했다. 「세기의 로맨스」 네 번째 장이 깨끗이 지워져 백지가 되어 있었기 때문이다. 현실을 인정한 이지는 자신의 무례한 태도에 적잖이 충격을 받은 남자아이를 삐딱하게 올려다보며 물었다.

"혹시 세종대왕이세요?"

"뭐라고……?"

"아차차~ 왕세자 복장인 걸 보니 아직 왕은 아닌 모양이네. 그럼 다시 물을게요. 혹시 태종대왕의 셋째 아들이자 왕세자이신 충녕대군이신가요?"

"그래, 내가 바로 충녕대군 이도다. 나를 알고 있는 걸 보니 너는 동궁전의 궁녀가 분명하구나. 그런데 복장이 어째 좀……."

교복을 입고 있는 이지의 모습을 살피며 이도가 고개를 갸웃했다. 또 다시 책 속의 주인공들이 등장하는 엉뚱한 시대로 떨어져 주노와 꼭 닮은 어린 시절의 세종대왕을 만났다는 사실에 부아가 치민 이지가 박차고 일어서며 신경질적으로 말했다.

"남의 옷차림은 신경 끄시고, 왕자님이야말로 내관이나 궁녀도 대동하지 않고 왜 도둑고양이처럼 몰래 돌아다니는 건지나 말씀해 보세요."

"허어~"

이지의 무례한 태도에 이도는 황당한 표정을 지었다. 눈을 치켜뜨고 감히 왕세자의 얼굴을 똑바로 응시하는 이지에게 화를 내야할지 참아야 할지 고민하는 듯했다. 보통 이 상황이면 불같이 화를 내며 궁을 지키는 내금위의 병사들을 불러 당장 발칙한 궁녀를 옥에 가두라고 소리쳐야 마땅할 것이다. 하지만 이도는 신중했다. 이런 태도로 보아 세종대왕이 백성들과 신하들에게 함부로 권력을 휘두르지 않는 인자한 임금이었다는 후대의 기록은 사실인 것 같았다. 그래도 이지는 어린 세종대왕, 이도에게 호감을 느끼지 못했다. 그러기엔 주노에 대한 불신과 미움이 너무 컸다.

한참만에야 이도가 화를 참는 목소리로 말했다.

"내가 보기에 너는 아무래도 정신이 온전한 아이 같지는 않구나. 어린 궁녀 중에 가끔 너와 같은 아이가 있다는 말을 들었다. 너를 위해서 하는 말이다만, 늙은 상궁들이 있는 자리에선 좀 더 공손히 행동하여라. 잘못하면 크게 혼이 나는 수가 있단다."

"흥."

이지는 가소롭다는 듯이 콧방귀를 뀌었다. 이도는 고개를 설레설레 흔들며 돌아섰다.

"너와 더 이상 얘기를 하고 있다간 내가 참지 못하고 화를 내고 말겠구나. 그러기 전에 가 봐야겠다."

그러거나 말거나 신경 쓰지 않고 이지는 주변을 휘 둘러보았다. 소풍이나 사생대회 때면 들렀던 경복궁의 낯익은 전각들이 사방을 에워싸고 있는 게 보였다. 푸른 하늘을 향해 멋들어지게 휘어져 올라간 처마들을 살펴보던 이지는 문득 무서운 생각이 엄습해 오자 몸을 살짝 떨었다. 낯선 곳에 떨어지는 일이야 이제 익숙하다고 해도, 만약 다른 사람들에게 들키면 무슨 일이 벌어질지 알 수 없었다. 여기는 궁안이고 자신은 이방인이 아닌가.

꼬꼬댁~

닭장 안의 수탉이 아직 분이 풀리지 않은 듯 날카롭게 울부짖는 순간, 이지는 비명을 지르며 이도를 쫓아 달음박질했다.

"꺄아악-! 왕세자님, 같이 가요!"

"네에? 숨바꼭질을 하는 중이라고요?"

"그래. 세자빈과 나는 한창 숨바꼭질을 즐기는 중이었느니라."

빙그레 웃는 이도의 옆얼굴을 보며 이지가 황당한 듯 물었다.

"그럼 아까 소희*라고 불렀던 이름이……?"

---

*소헌황후의 본명이 소희라는 설이 있으나, 확실치는 않습니다.

"세자빈이 사가에서 불리던 이름이다."

연신 싱글거리는 이도를 보며 이지는 이 왕자님이 세자빈에게 푹 빠져 있음을 알아차렸다. 동시에 이지는 이도 왕세자와 소희 세자빈에겐 또 어떤 사연이 있었기에 자신이 이곳까지 불려 오게 되었는지 궁금해졌다. 책을 절반 이상 읽은 것 같은데, 이번에도 역시 전혀 떠오르지 않았다.

세종대왕과 소헌왕후에 대해서는 사전 지식도 전혀 없어서 이지는 이번에야말로 어떤 일이 벌어질지 전혀 예상할 수가 없었다.

혼자만의 생각에 잠겨 있는 이지를 보며 이도가 물었다.

"그런데 네 이름은 무엇이냐?"

"이지…… 윤이지라고 해요."

"예쁜 이름이구나. 이지 네가 세자빈을 찾는 것을 도와준다면 내 후한 상을 내리마."

"저는 숨바꼭질 따위엔 관심이 없거든요."

"그래? 그럼 내가 직접 찾는 수밖에."

어깨를 으쓱하며 걸어가는 이도를 이지는 심통 난 얼굴로 쫓아갔다. 이지의 눈앞에 갑자기 탁 트인 연못이 나타났다.

"와아~ 근사하다!"

연꽃이 하얗게 피어난 수려한 경치의 연못은 작은 호수처럼 넓고 투명했다. 연꽃 향기가 진하게 풍기는 연못가를 이도를 따라 걸으며 이지는 오랜만에 마음이 차분히 가라앉는 기분을 느꼈다. 이때 이지

는 우연히 눈앞의 근사한 정자 안에서 사람 그림자가 어른거리는 것을 발견했다. 정자 입구에 걸린 어려운 한문 편액을 가리키며 이지가 물었다.

"저기 뭐라고 쓰여 있는 건가요?"

"네가 글을 모르는 모양이구나? 저건 경회루라는 글자란다."

"아, 경회루라면 나도 알아요. 저곳에서 그림도 그렸는걸요."

이도가 고개를 갸웃했다.

"경회루에서 그림을 그렸다고? 화공도 아닌 궁녀가 어찌 그런 일을 할 수 있지?"

할 말이 없어진 이지가 휘휘 손사래를 쳤다.

"그림 얘기는 그만해요. 그보다는……."

이지가 움찔하는 이도에게 얼굴을 바싹 들이밀며 속삭였다.

"아까 세자빈을 찾는 걸 도와주면 상을 내리겠다고 했죠?"

"그, 그렇게 말했지."

"내가 왕자님의 부인을 찾은 것 같은데요."

이도가 목소리를 낮췄다.

"어디에 숨었느냐?"

이지가 턱짓으로 경회루를 가리켰다. 이도가 눈을 동그랗게 뜨고 경회루를 쳐다보았다. 그리고는 장난스런 미소를 머금은 채 정자를 향해 살금살금 걸어갔다.

"빈궁, 어서 나오시오!"

"꺄악!"

이도가 고함치며 정자 안으로 뛰어드는 순간 화사한 자색 저고리에 푸른색 치마를 입은, 이지보다 두세 살 많아 보이는 아가씨가 비명을 지르며 기둥 밖으로 뛰어나왔다.

"몰라요, 저하! 너무 놀라 심장이 떨어지는 줄 알았어요!"

"하하! 미안하오, 미안해."

세자빈이 자신의 가슴을 주먹으로 콩콩 두드리자 이도는 고개를 젖히고 유쾌하게 웃었다. 으윽! 웬 닭살 커플이람? 세상에서 제일 행복한 사람들처럼 웃는 두 사람을 지켜보며 이지는 절로 눈살을 찌푸렸다. 불쾌한 얼굴로 서 있는 이지를 향해 혹시 놓칠세라 세자빈의 손을 단단히 잡은 이도가 다가왔다.

"소개하마. 이쪽은 나의 세자빈인 소희라고 한다. 소희, 이쪽은 이지라는 이름의 궁녀 아이오. 이 아이가 소희를 찾는 걸 도와주었다오."

"어쩜, 얼굴도 이름만큼이나 예쁘게 생겼구나."

세자빈 소희가 이지를 향해 환하게 미소 지었다. 가식이라곤 없는 순수한 미소로 인해 주위가 조금은 밝아지는 느낌이었다. 그래도 이지는 표정을 풀지 않은 채 입을 굳게 다물고 있었다. 당연히 머리를 조아리며 인사할 줄 알았던 이지가 꿈쩍도 하지 않자, 이도와 소희는 당황하는 눈치였다. 이도가 소희의 귀에 대고 속삭였다.

"아무래도 정신이 살짝 이상한 아이 같소. 세자빈이 너그러운 마음으로 이해하시오."

"아, 그렇군요."

가엾다는 표정으로 고개를 끄덕이다가 소희가 이지를 향해 물었다.

"이지는 어느 전에 속한 궁녀니?"

이지가 퉁명스럽게 대꾸했다.

"나는 궁녀가 아니에요."

"궁녀가 아니라니? 그럼 어떻게 경복궁 안에 있을 수가 있지?"

이지가 손가락으로 불쑥 하늘을 가리켰다.

"저는 두 분이 살고 있는 지금의 조선시대보다 수백 년 후의 미래에서 왔어요."

"수백 년 후의 미래라고……?!"

이도와 소희가 휘둥그레진 눈으로 서로를 보았다. 두 사람은 정말 재미있는 얘기를 들었다는 듯이 박장대소했다.

"이지는 정말 재미있는 아이군요."

"그러게 내가 뭐라고 했소."

세자와 세자빈에게 악의가 없다는 것은 알고 있었지만, 그래도 놀림을 받는 것 같아 이지는 기분이 썩 좋지는 않았다. 세자빈이 간신히 웃음을 그치며 말했다.

"전 그런 줄도 모르고 저하께 마음에 드는 궁녀 아이가 생긴 줄 알고 놀랐지 뭐예요."

이도가 정색하며 손사래를 쳤다.

"내가 빈궁을 두고 그럴 리가 있소? 내게는 오직 소희 당신뿐이오."

"아닙니다. 저는 저하께서 이지를 좋아한다고 하셔도 기꺼이 받아들였을 겁니다. 저하께선 태종 대왕을 이어 조선의 국왕이 되실 분이고, 여러 후궁을 두어 많은 자식을 낳는 것이 왕의 중요한 임무 중 하나니까요."

이도가 감동받은 표정으로 소희의 손을 잡았다.

"소희······."

"저하······."

두 사람을 지켜보며 이지는 혼란을 느꼈다. 이지가 사극에서 본 왕세자와 세자빈은 저렇게 다정하지 않았던 것이다. 서로를 완벽하게 믿고 있는 듯한 두 사람을 지켜보며 이지는 가슴 밑바닥에서 무언가 배배 꼬인 감정이 슬금슬금 솟구치는 것을 느꼈다. 서로를 그렇게까지 믿고 있단 말이지? 그 믿음이란 건 정말 어떠한 경우에도 흔들리지 않는 걸까?

이지는 왠지 저 닭살 커플에게 사람의 마음이란 그렇게 믿을 만한 것이 못 된다는 것을 알려주고 싶었다. 이지가 입술을 깨문 채 혼자만의 생각에 잠겨 있을 때, 이도가 소희의 손을 잡고 돌아섰다.

"자자······ 나들이는 충분히 즐겼으니, 그만 처소로 돌아갑시다."

"세자 저하!"

이지가 이도를 급히 불렀다.

"왜 그러느냐?"

소희와 함께 의아한 얼굴로 돌아서는 이도를 향해 이지가 빠르게 말했다.

"빈 마마를 찾는 걸 도와주면 제게 상을 내리겠다고 하지 않으셨던가요?"

"아차차, 내 정신 좀 보게. 무얼 상으로 받고 싶은지 말해 보아라. 소주방에 일러 어린 궁녀들이 제일 좋아하는 약과를 줄까, 아니면 새 저고리를 한 벌 내릴까?"

"사실 저는 오늘 당장 묵을 곳도 없어요. 그러니 당분간 두 분과 지낼 수 있도록 해 주세요. 그게 제가 바라는 상입니다."

이도와 소희는 곤란한 듯 서로의 얼굴을 보았다. 신분도 확실치 않은 아이를 동궁전에 들인다는 것 자체가 불가능한 일이다. 나중에 부왕인 태종이나 내금위장 강상인이 알게 된다면 큰 소동이 벌어질 수도 있었다. 하지만 이도와 소희는 마음 씀씀이까지 빼닮아서 남의 곤란을 좀처럼 보아 넘기지 못하는 사람들이었다.

"동궁전 지밀상궁에게 일러 이지의 이름을 동궁전 궁녀 명부에 올려 달라고 하면 될 거요."

"그렇게 해 주세요. 정신도 온전치 않은 아이가 혼자 궁을 돌아다니다 무슨 봉변을 당할지 몰라요."

이지는 그런 두 사람을 지켜보며 의미심장하게 미소 지었다.

다음 날부터 이지는 동궁전의 궁녀로 지내게 되었다. 조선시대 궁녀처럼 흰색 저고리와 푸른 치마로 갈아입은 그녀는 동궁전에 딸린 궁녀들의 숙소에서 첫날부터 늦잠을 잤다.

"하주노 이 나쁜 인간…… 네가 나한테 어떻게 이럴 수가 있어……?!"

악몽이라도 꾸는지 이지는 여름 햇살이 환하게 비추는 방안에서 뒤척이며 이를 바득바득 갈아붙였다.

벌컥!

방문이 거칠게 열리며 동궁전 지밀상궁의 노한 얼굴이 나타났다. 엄 상궁이 방바닥을 데굴데굴 굴러다니는 이지를 가리키며 엄하게 명령했다.

"저 발칙한 것을 당장 끌어내라!"

"예, 마마님!"

덩치 큰 궁녀 둘이 이지의 팔을 한 쪽씩 잡아 번쩍 들어올렸다. 그래도 이지는 계속 잠꼬대만 했다.

"음냐~ 음냐~ 하주노 너 언젠간 내 앞에 무릎을 꿇고 싹싹 빌게 될 줄 알아라."

엄 상궁이 더 이상 참지 못하고 버럭 소리를 질렀다.

"마당으로 끌어내 물을 끼얹어!"

촤아악!

"어푸푸!"

얼굴에 찬 물이 끼얹어지는 순간, 이지는 번쩍 정신을 차렸다. 상반신이 흠씬 젖은 상태에서 이지는 멍한 눈으로 주위를 둘러보았다.

엄 상궁과 궁녀 십여 명이 눈을 치켜뜨고 서 있었다.

"내, 내가 왜 사극 촬영장에 와 있지? ……우와, 언니들 진짜 궁녀처럼 보이네요."

횡설수설하는 이지를 가리키며 엄 상궁이 싸늘히 명령했다.

"이 아이를 형틀에 묶어라. 감히 예가 어디라고 함부로 나댄단 말이냐. 단단히 버릇을 고쳐놓아야겠다."

그제야 정신이 들고 엄 상궁의 얼굴을 기억해낸 이지가 양손을 내저으며 소리를 질러댔다.

"타임! 스톱! 제발 진정하세요, 엄 상궁님. 이렇게 연약한 소녀를 형틀에 묶는 게 말이 된다고 생각하세요?"

"형틀이 싫으면 곤장을 맞을 테냐?"

"허억! 고, 곤장이라고요?"

이지가 질겁하고 있을 때, 뒤쪽에서 인자한 목소리가 들렸다.

"이지를 그만 용서해 주게, 엄 상궁."

만면에 미소를 머금고 다가오는 이도를 발견한 엄 상궁과 궁녀들이 일제히 머리를 조아렸다.

"세자 저하를 뵈옵니다."

"저하, 밤새 편안하셨나이까?"

오직 이지만 고개를 빳빳이 들고 있었다. 이도가 그런 이지 앞에 우뚝 멈춰 섰다. 그리고 그녀의 얼굴을 유심히 들여다보았다. 이지도 지지 않고 세자의 눈을 똑바로 쳐다봐 주었다.

"엄 상궁."

"예, 저하."

"이지에게 무슨 일을 시킬 생각이오?"

왜 한낮 궁녀에게 이렇게 신경을 쓰는지 이상하다는 듯 이도를 보던 엄 상궁이 공손히 대답했다.

"다른 궁녀들처럼 소주방이나 세수간 혹은 세답방에 배속시킬 생각입니다만."

"흐음……."

걱정스런 표정으로 턱을 어루만지는 이도를 향해 이지가 물었다.

"질문 있는데요."

"말해 봐라."

"사극에 자주 나와서 소주방이 음식을 만드는 곳이란 건 알겠는데, 세수간과 세답방은 뭐하는 곳인가요?"

이도가 친절하게 설명해주었다.

"세수간은 나와 세자빈의 목욕물을 대령하고, 지와 매화틀 등을 처리해 주는 곳이다."

"지와 매화틀?"

"지는 오줌을, 매화틀은 변을 보는 곳이지."

"으액~ 그럼 요강과 변기잖아요? 죽으면 죽었지 세수간에는 안 갈래요."

"그럼 세답방은 어떠냐?"

"세답방은 또 뭐하는 곳인데요?"

이번엔 엄 상궁이 대신 설명했다.

"세자 저하와 세자빈 마마께서 입으실 의복을 세탁하고, 다듬이질하고, 염색까지 하는 곳이지. 궁녀들이 일하는 여섯 부서, 즉 육처소 중 가장 힘든 곳이다."

"그럼 세답방도 패스!"

손사래를 치는 이지를 향해 엄 상궁이 눈을 부라렸다.

"발칙한 것! 놀고먹겠다는 심보냐?"

"아아~ 엄 상궁!"

이도가 엄 상궁을 말리며 나직이 속삭였다. 이 아이는 정신이 온전치 못하다니까. 웬만하면 엄 상궁이 이해하라고. 엄 상궁이 이마에 깊은 주름 여러 개를 만들었다.

"그럼 이 골칫덩이를 어디에서 부릴까요?"

잠시 생각하다가 이도는 결정했다.

"나의 곁에서 시중을 드는 지밀나인으로 삼으면 어떨까?"

"예에? 지밀나인이라고요?!"

엄 상궁의 표정이 험악하게 일그러지는 것을 확인하고 이지는 냉큼 대답했다.

"좋아요! 그걸로 할게요!"

엄 상궁이 꺼려하는 것으로 보아 분명 편한 일일 거라고 생각했기 때문이다. 엄 상궁이 마뜩찮은 듯 이지를 째려보았다.

"하지만 저하, 이 아이가 과연 지밀나인의 일을 제대로 해낼 수 있을는지요?"

"잘 해낼 테니 걱정 말게. 윤이지, 자신 있지?"

"물론이죠."

자신만만하게 대답하는 이지를 엄 상궁이 이글이글 타오르는 눈빛으로 쏘아보았다. 이도가 갑자기 생각났다는 듯이 엄 상궁을 돌아보았다.

"아참, 오늘 내금위 병사들과 함께 둑섬 사냥터로 나간다는 거 알고 있지?"

"그렇잖아도 소주방 아이들을 시켜 저하와 내금위 병사들이 드실 음식을 준비해 놓았습니다."

"흐음……. 모처럼의 사냥인데 세자빈도 함께 갈 수 있었으면 좋았을 것을."

"세자빈 마마께서는 중전 마마와 함께 잠실에서 누에치는 법을 배우기로 되어 있으시옵니다. 양잠은 농사와 함께 국가에서 가장 중요시하는 일이니, 저하께서도 이해하셔야 합니다."

"물론 이해해. 다만, 모처럼 궁 밖으로 나가는 것인데 세자빈과 함께 할 수 없어 아쉽다는 것이지."

이지가 냉큼 이도의 팔짱을 끼며 웃었다.

"마마를 대신해 제가 저하를 잘 모실 테니 걱정하지 마세요."

"어어……."

얼굴이 빨개진 이도 대신 엄 상궁이 호통 쳤다.

"감히 어느 안전이라고 저하의 옥체에 함부로 손을 대느냐?!"

이도가 엄 상궁을 향해 손을 내뻗으며 온전치 못한 아이니 이해하라는 신호를 보냈다. 엄 상궁의 얼굴이 붉으락푸르락했다.

폭우 속에서의 하룻밤

뚝섬 사냥터는 이지의 예상대로 뚝섬이었다. 이지가 살던 미래와 차이가 있다면 초고층 아파트 단지와 수많은 차들이 씽씽 달리는 강변도로 대신 울창한 나무숲이 끝도 없이 펼쳐져 있다는 정도였다. 얼마 전 큰 비라도 내렸는지 강물이 불어 군데군데 질척한 늪지대가 만들어졌다.

이도와 나란히 말을 타고 사냥터를 거닐며 이지는 어쩔 수 없이 주노에 대해 생각했다. 바로 이곳에서 주노와 나란히 강변을 바라보았었다. 이지는 주노도 자기를 좋아한다고 굳게 믿었지만 짧은 꿈은 물거품처럼 흩어졌고, 사랑에 대한 불신과 상처만 가득 안은 채 수백 년 전의 과거로 굴러떨어졌다.

"말을 제법 잘 타는구나. 승마는 어디서 배웠느냐?"

내관과 무관들의 호위를 받으며 말을 몰던 이도가 말을 능숙하게 다루는 이지를 신기한 듯 돌아보았다. 그렇다고 영국에 갔을 때 배웠노라 고백할 수도 없는지라 이지는 대충 얼버무렸다.

"글쎄요……. 누구한테 말 타는 법을 배웠는지 도통 기억이 나질 않네요. 참 이상하죠?"

다행히 이도도 더는 캐묻지 않았다.

"저하!"

"세자 저하!"

조선시대의 군복인 철릭에 꿩의 깃털이 꽂힌 전립을 쓰고 말을 몰아 달려오는 건장한 청년의 모습이 보였다. 스무 살쯤 돼 보이는 청년은 백 명도 넘는 병사들을 이끌고 나타났는데, 말을 타지 않은 병사들의 양손에는 징과 몽둥이가 들려 있었다. 징을 두드려 짐승들을 몰고, 몽둥이로 도망치는 녀석들을 잡으려는 것이다.

"오, 내금위장! 어서 오시오!"

내금위장이라고 불린 청년이 급히 말에서 내렸다. 그리고 세자를 향해 머리를 숙였다.

"내금위장 강상인이 세자 저하께 인사 올립니다!"

"우리 사이에 격식은 관둡시다. 사가에선 호형호제하던 사이가 아니오?"

이도가 손을 내저으며 웃었지만 내금위장은 표정을 풀지 않았다.

"그때는 저하께서 여러 왕족 중 한 분에 불과했지만 지금은 옥좌를 물려받으실 왕세자가 되셨습니다. 그때와 같을 수가 없습니다."

"우리 내금위장은 너무 고지식해서 탈이라니까."

이도가 흐뭇하게 미소 짓고 있을 때, 내금위장과 비슷한 또래의 청년이 대신복을 입고 나타났다. 큰 키에 호리호리한 체격의 청년은 내금위장과 달리 곱상하게 생겼다.

"그간 안녕하셨습니까, 세자 저하? 병조좌랑 안헌오가 전하께 인사 올립니다."

머리를 살짝 숙인 채 세련되게 미소 짓는 청년의 얼굴을 이지는 잠시 넋을 놓고 보았다.

"저런, 우리 지밀나인이 미청년 병조좌랑에게 푹 빠져 버린 모양이군."

장난스런 이도의 목소리에 이지는 퍼뜩 정신을 차렸다. 이지가 얼굴을 살짝 붉히며 이도를 흘겨보았다.

"내, 내가 뭘 어쨌다고요?"

"어라, 얼굴까지 붉어졌구나?"

"그만해요! 계속 놀리면 저도 가만히 있지만은 않겠어요!"

이지가 버럭 소리를 지르자 이도는 간신히 웃음을 그치고 손사래를 쳤다.

"알았다, 알았어……."

각각 무반과 문반에서 왕세자의 최측근으로 알려진 강상인과 안헌오는 놀란 눈으로 이지를 보았다. 세자빈을 제외하고 왕세자와 저렇게 허물없이 지내는 여인을 본 적이 없었던 것이다. 게다가 상대는 고작 궁녀 아닌가. 두 사람의 눈빛을 알아차린 이도가 이지를 소개했다.

"인사들 하시오. 이번에 나의 지밀나인이 된 윤이지란 아이오."

강상인과 안헌오가 얼결에 고개를 까닥였다.

"그, 그렇습니까?"

"반갑소, 윤 나인."

이지도 떨떠름한 표정으로 답례했다.

"반가워요, 두 분."

잠시 후, 이도가 주먹을 번쩍 쳐들었다.

"자, 그럼 지금부터 사냥을 시작해 봅시다!"

캉- 캉- 캉- 캉-

"와아아!"

그것을 신호로 병사들이 징을 두드리며 숲이 떠나갈 듯 함성을 질렀다. 병사들이 강을 옆에 끼고 일렬횡대로 늘어서서 북쪽으로 짐승들을 몰기 시작했다. 이도와 이지 그리고 강상인과 안헌오는 병사들을 지나쳐 북쪽으로 질주했다. 미리 달려가 병사들이 몰아오는 짐승들을 맞이하기 위해서였다.

꾸르릉~

급히 말을 달리며 이지는 먹구름이 낮게 깔린 하늘을 올려다보았다. 한바탕 비라도 퍼부을 모양이었다.

징 소리가 점점 가까워지고 있었다. 한낮임에도 어둑한 하늘 때문에 숲은 더욱 깊어 보였다. 이도와 이지 그리고 강상인과 안헌오는 징 소리가 들려오는 방향으로 말을 몰며 천천히 전진했다.

"저기 사슴이에요!"

잡목숲에서 튀어나온 수사슴 한 마리를 발견한 이지가 소리를 질렀다. 안헌오가 이도에게 다급히 말했다.

"저하, 쏘십시오!"

"좋았어!"

이도가 활시위를 힘껏 당겼다가 놓았다. 공기를 가르는 날카로운 소리와 함께 화살이 날아갔다. 하지만 화살은 갑자기 방향을 튼 사슴을 아슬아슬하게 스쳐 나무에 박혔다.

"이런, 아깝구나!"

이도가 주먹을 흔들며 분통을 터뜨렸다. 이지가 숲속으로 달아나는 사슴을 가리키며 다시 외쳤다.

"사슴이 도망쳐요!"

"놓칠까 보냐?"

이도가 바람처럼 말을 몰아 사슴을 쫓기 시작했다. 이지도 이도에게 바싹 따라붙었다. 강상인과 안헌오도 약간 떨어져 쫓아왔다.

"저 사슴이 아주 약을 올리는구나!"

그 사이 이도는 화살을 두 번이나 더 쏘았다. 그때마다 사슴은 엉덩이에 눈이라도 달린 듯 펄쩍펄쩍 뛰며 잘도 피했다. 약이 바싹 오른 이도는 말에 박차를 가했고, 이지는 그를 따라잡기 위해 나뭇가지에 얼굴을 긁히며 달려야 했다. 이지가 문득 뒤를 힐끗 돌아보았다. 끈질기게 쫓아오던 강상인과 안헌오의 모습마저 사라졌다.

"괜찮을까……?"

살짝 걱정스런 마음이 들 무렵, 굵은 빗방울이 후드득 떨어지기 시작했다.

쏴아아!

빗방울은 곧 폭우로 변했다. 폭우를 뚫고 달리다가 이도와 이지는 그만 길을 잃고 말았다. 사방을 둘러봐도 강상인과 안헌오는 물론 그 많던 병사 한 명 보이지 않았다. 숲 한복판에 멈춰 서서 이도는 두 사람을 소리쳐 불렀다.

"내금위장! 병조좌랑! 어디에 있소?"

하지만 귀를 기울여 봐도 빗소리만 들려올 뿐이었다.

"이지야, 아무래도 길을 잃은 것 같다."

"더 큰 문제는 그게 아닌 것 같은데요."

이지가 땅바닥을 가리켰다. 강물이 불어나면서 주변이 온통 늪지대로 변하고 있었던 것이다. 이도의 안색이 굳어졌다.

"이곳 둑섬은 강물이 넘치면 순식간에 늪지대로 변한다. 서둘러 빠져나가지 않으면 물귀신이 되겠구나."

"그럼 진작 얘기를 하시죠. 일단 강을 등지고 무조건 달리자고요. 끼럇~"

이지가 강 반대편을 향해 달리기 시작하자 이도도 쫓아왔다. 두 사람은 한사코 시야를 가리는 빗줄기와 질퍽거리는 땅을 뚫고 정신없이 달렸다. 하지만 발목까지 진창에 박히자 말들이 휘청거리기 시작했다. 이도보다 힘이 약한 이지가 먼저 균형을 잃고 말과 함께 바닥으로 내동댕이쳐졌다.

"꺄아악!"

"조심해라!"

이도가 말에서 훌쩍 뛰어내려 이지에게 달려갔다. 다행히 말도, 이지는 큰 부상은 아니었다. 하지만 이도의 부축을 받으며 일어서며 이지는 발목에서 통증을 느꼈다.

"아악! 바, 발목이 아파요!"

"삐끗한 모양이군. 이대론 말을 탈 수 없을 것 같은데 어쩌지?"

"어차피 말은 틀렸어요. 주변을 한 번 보세요."

이지의 말대로 주변은 온통 물 천지로 변해 어디가 뭍이고, 어디가 강인지 알 수 없는 지경이 되었다.

"이, 이제 정말 어쩌면 좋지?"

"차라리 저쪽으로 가서 비가 그치기를 기다려요."

이지가 손가락으로 물에 잠기기 시작한 나무들 너머 완만한 구릉을 가리켰다. 구릉은 웬만큼 비가 와도 잠기지 않을 것 같은 높이였다.

"그래, 저기서 우릴 구해 줄 사람들을 기다리자꾸나."

한쪽 다리를 절룩절룩하는 이지를 부축한 이도가 구릉을 향해 힘겹게 걸음을 옮겼다.

가까스로 구릉에 도착한 두 사람은 정상 부근에서 작은 동굴을 발견하고 비를 피할 수 있었다. 시간이 흐를수록 빗줄기는 굵어지고 천둥에 벼락까지 울렸다. 오후를 지나 저녁이 다가왔지만 왕세자를 찾는 목소리는 들려오지 않았다. 하긴 이 빗속에서는 왕세자가 아니라 왕이라도 찾을 수 없을 것이라고 이지는 생각했다. 아랫배에서 꼬르륵 소리가 들렸다. 아침 식사 이후 아무것도 먹지 못했으니 이것도 당연한 일이었다. 하지만 배고픔보다 더 큰 문제가 있었다.

"콜록~ 콜록~."

기침이 나오고 온몸에서 열이 오르기 시작한 것이다. 땀이 줄줄 흐르고 견디기 힘들 정도로 한기가 들었다.

"으으……."

"아무래도 고뿔에 걸린 모양이구나. 일단 불부터 피워야겠다."

양팔로 가슴을 끌어안은 채 오들오들 떨고 있는 이지의 이마를 짚어 보며 이도가 걱정스럽게 중얼거렸다.

"성냥이나 라이터도 없는데, 어떻게 불을 피워요?"

"성냥? 라이터? 그건 대체 무엇에 쓰는 물건이냐?"

"얘기해도 모를 거예요."

"일단 여기 좀 누워 봐라. 불은 내가 피울 테니 걱정하지 말고."

이지를 동굴 바닥에 눕힌 이도가 품속에서 부싯돌 두 개를 꺼냈다.

"이 부싯돌이 보이지? 이걸로 불을 피우면 된다."

"하지만 돌이 완전히 젖었잖아요. 그걸로 정말 가능하겠어요? 콜록콜록!"

"걱정 말고 나만 믿어라. 이래뵈도 내가 불 피우는 데는 일가견이 있느니라."

이도가 부싯돌을 딱딱, 부딪히기 시작했다. 이지는 땀을 뻘뻘 흘리며 연신 부싯돌을 부딪치는 이도를 지켜보았다. 누군가 자기를 위해 노력하고 있다는 느낌은 묘하게도 푸근한 감정을 불러일으켰다. 그럼에도 이지의 몸은 점점 뜨겁게 달아올랐다. 의식이 점점 흐릿해지면서도 이지는 계속 이도를 보고 있었다.

이지는 악몽을 꾸었다.

텅 빈 집의 마당에 이지는 혼자 서 있다. 유치원 때 부모님과 함께 살던 집이란 사실을 꿈속임에도 신기하게 알 수가 있다. 하지만 집 안은 너무 고요하다. 여름 낮잠에서 깨어난 직후. 마당에는 매미 울음만 고즈넉하다. 아빠와 엄마가 집안에 없다는 사실을 이지는 본능적으로 알아차린다. 혼자 남겨졌다는 깨달음은 견디기 힘든 공포를 불러일으킨다. 늘 포근하고 안전했던 집은 갑자기 상상 속의 괴물처럼 을씨년스럽게 변한다. 공포는 곧 격렬한 슬픔으로 이어진다. 이지는 어깨를 들썩이며 울기 시작한다. 둑이라도 터진 듯 눈물이 방울방울 떨어진다. 이때 누군가 그녀의 어깨를 살며시 잡는다. 손바닥을 통해 느껴지는 체온이 너무 따뜻해 이지는 틀림없이 엄마의 손이라고 생각한다. 원망과 설움이 가득한 얼굴로 이지는 돌아선다.

그러나 황금색 햇살을 등지고 서 있는 것은 부모가 아니다. 초저녁 산들바람처럼 시원한 미소를 머금고 서 있는 것은 자기보다 열 살쯤 많은 웬 오빠다. 어린 이지가 보기에도 오빠는 썩 잘생겼다. 그래서인지 조금의 경계심도 느껴지지 않는다. 오빠가 손을 뻗어 이지의 뺨을 부드럽게 쓰다듬는다. 안심하렴. 내가 널 지켜 줄게. 오빠의 착한 눈은 그렇게 속삭이고 있는 것 같다. 그제야 이지는 이 오빠를 아주 오래전부터 알고 있었다는 생각이 든다. 누구였더라…… 누구였더라…… 이지의 입술이 마침내 천천히 달싹인다.

"주노…… 주노 선배……. 가지 마…… 날 두고 가지 마…… 제발……."

부싯돌을 부딪치다 말고 이도가 차가운 바닥에 누워 있는 이지를 돌아보았다. 자신을 향해 비스듬히 누운 이지의 눈에서 눈물이 흐르는 게 보였다. 순간 이도는 왠지 가슴이 뭉클해졌다. 맹세컨대, 세자빈을 제외하고 이런 감정을 느껴본 적은 없었다. 추위와 슬픔 때문에 입술이 파랗게 질린 이지의 얼굴을 보다가, 이도는 양손의 부싯돌을 고쳐 잡았다. 손바닥이 터지는 한이 있어도 어떻게든 불을 피워야겠다는 생각이었다.

딱! 딱! 따악!

비가 그칠 줄 모르는 하늘 위로 부싯돌 부딪치는 소리가 커다랗게 울려 퍼졌다.

추위에 떨던 이지는 어느 순간 몸이 따뜻해지는 것을 느꼈다. 천천히 눈꺼풀을 들어 올리는 이지의 눈에 제일 먼저 들어온 것은 주노의 뒷등이었다. 반가운 마음에 주노를 부르려다가 이지가 멈칫했다. 금세 그것이 주노가 아니라 이도의 등임을 알아차릴 수 있었다.

이도의 앞에 모닥불이 활활 타오르고 있었다. 이도는 모닥불을 향해 연신 손부채를 부쳐서 연기가 이지 쪽으로 흘러오지 않도록 배려하고 있었다. 순간 이지의 눈이 커다래졌다. 이도의 손에서 피가 흐르는 것을 발견했기 때문이다.

이지가 벌떡 상반신을 일으키며 이도의 손을 가리켰다.

"저하의 손에서 피가 나요!"

"깨어났구나, 이지?"

이도가 반갑게 미소 지으며 이지 앞으로 다가왔다.

"그 손 어떻게 된 거예요?"

"네 말이 맞았어. 젖은 부싯돌로 불을 피우기란 정말 쉬운 일이 아니더구나."

"그럼 나를 위해 불을 피우다가 피까지 흘렸다는 거예요?"

이도가 대수롭지 않다는 듯 어깨를 으쓱했다. 안타까운 눈으로 세자를 바라보던 이지가 그를 와락 안았다.

"고마워요! 정말 고마워요!"

"어어…… 일단 이것 좀 놓고…….."

이도의 얼굴이 홍시처럼 발개졌다.

"저하! 어디에 계십니까, 저하!"

"저하, 대답을 해 주십시오!"

"저하를 찾지 못하면 모두 각오해야 할 것이다!"

다음 날 새벽, 비가 그치자마자 둑섬에는 왕세자를 찾는 절박한 외침이 사방으로 울려 퍼졌다. 내금위장 강상인과 병조좌랑 안헌오는 물론 궁의 전 병력이 아직 질척거리는 늪지대를 헤매며 왕세자를 애타게 찾고 있었다. 대규모 인력을 인솔하는 사람은 국왕 태종의 오른팔인 좌의정 박은이었다.

꼬장꼬장한 노대신 박은이 흰 수염을 바르르 떨며 분통을 터뜨렸다.

"감히 세자 저하를 이런 진창 속에 남겨두고 저들만 살겠다고 빠져나오다니……!"

박은의 날카로운 시선이 강상인과 안헌오에게 향했다.

"만약 저하께 무슨 변고라도 생겼다면 너희 둘은 죽은 목숨이다!"

"여부가 있겠습니까, 대감."

온몸이 땀투성이로 변한 강상인과 안헌오가 박은을 향해 머리를 조아렸다. 박은이 다시 불호령을 내리려는데 세자를 찾는 일이 걱정되어 함께 나온 세자빈 소희가 말렸다.

"좌상대감, 지금은 저하를 찾는 게 우선입니다. 상벌은 나중에 정하시고 오직 저하를 찾는 데 힘써주십시오."

"알겠습니다, 마마. 자, 어서 병사들을 동쪽으로 서쪽으로 풀어 빨리 저하를……."

급히 명령을 내리는 박은의 뒤쪽에서 귀에 익은 목소리가 들려왔다.

"여러분, 혹시 나를 찾고 있는 것이오?"

세자빈과 박은 그리고 강상인과 안헌호를 비롯한 수백의 병사들이 일제히 소리 나는 쪽을 향해 돌아섰다. 그들의 눈앞에 지치고 고단한 얼굴로 비틀비틀 걸어오고 있는 세자의 모습이 보였다. 다행히 세자는 크게 상한 곳은 없는 것 같았다. 다만, 등 뒤에 웬 궁녀아이를 업은 채 낑낑거리고 있을 뿐이었다.

"……."

모두가 입을 쩍 벌린 채 궁녀를 업고 걸어오는 세자를 보고 있었다. 그럴 것이 조선이란 나라에서 세자가 궁녀를 업는다는 건 상상조차 할 수 없는 일이었기 때문이다. 모두의 불안한 시선이 세자빈에게로 쏠렸다. 순간 세자빈이 세자를 향해 달려갔다.

"저하를 모시지 않고 뭣들 하세요?"

그제야 강상인도, 안헌호도 심지어 노대신 박은까지 헐레벌떡 뛰어갔다.

"저하, 소신의 팔을 잡으소서!"

"저하, 소신이 부축하겠나이다!"

여러 사람이 한꺼번에 달려들어 팔을 당기는 바람에 이도는 그만 업고 있던 이지를 놓치고 말았다.

"아얏!"

이지가 엉덩방아를 찧자 이도가 버럭 소리를 질렀다.

"조심하지 못하겠소? 그대들 때문에 이지가 다치겠소!"

"……!"

다시 한 번 모두 석상처럼 굳은 채 이지를 다정하게 부축하는 세자를 바라보았다. 신하들과 함께 굳어 있던 소희가 이내 빙긋 미소를 지으며 이도에게 다가갔다. 그리고 이지를 함께 부축했다.

"고맙구나, 이지야."

"뭐가요?"

"지난 밤 네가 저하의 곁에 있어 주어 안심할 수 있었다. 네 덕분에 전하께서 폭우가 퍼붓는 밤을 덜 외롭게 보내지 않으셨겠니?"

소희의 얼굴을 물끄러미 들여다보던 이지가 의심스러운 듯 물었다.

"혹, 저하와 제가 같이 있어서 화가 나진 않으셨고요?"

"전혀."

너무도 단호히 대답하는 소희의 태도에 이지는 왠지 기분이 나빠졌다. 이때 이도가 슬슬 타오르기 시작하는 이지의 가슴에 기름을 확 끼얹었다.

"하핫! 역시 나를 믿어 주는 건 빈궁뿐이군. 내가 당신을 두고 다른 아이를 좋아할 리가 없지 않소. 이지는 그냥 친구 같은 녀석이야."

이지는 지난 밤 이도에게 느꼈던 친밀함이 연기처럼 흩어지는 것을 느꼈다. 성난 눈초리로 손을 맞잡은 이도와 소희를 쏘아보며 이지는 언젠가는 저들의 믿음이 깨지는 모습을 한 번쯤 보고 싶다는 못된 생각을 하고 말았다.

폭우 속에서의 하룻밤

그 후 며칠 동안 이지는 동궁전에서 편안하게 지냈다. 또래의 궁녀들과도 친해졌고, 지밀나인의 일도 나름 열심히 배웠다. 이지를 눈엣 가시처럼 여기는 엄 상궁이 가끔 눈을 부라렸지만 그때마다 세자와 세자빈이 번갈아 이지를 비호했다. 특히 세자빈 소희는 엄 상궁에게 이렇게 당부까지 했다.

"이지는 저하께서 친구처럼 여기는 아이일세. 웬만하면 엄 상궁이 잘 봐주도록 하게."

"마마, 저 불여우를 저하 곁에 두지 마옵소서. 저하와 마마 사이를 갈라놓을까 염려되옵니다."

"그런 말 말게, 엄 상궁. 이지는 그런 아이가 아니야."

조금 지겨울 정도로 평화로운 하루하루가 계속되던 어느 날, 갑자기 궁에서 초대형 사건이 터졌다. 그 사건이란 다름 아니라 왕세자 이도가 부왕 태종에 이어 용상에 오르게 된 것이었다.

호랑이보다 무서운 상왕 태종

새로운 국왕의 즉위식은 근정전 뜰에서 장엄하게 열렸다. 눈부신 아침 햇살 아래 수십 명의 문무백관들과 종친들이 널찍한 뜰에 도열한 가운데, 그 주변을 내금위 병사들이 에워쌌다. 힘찬 북소리가 첫 번째로 울리자 조선시대 왕의 예복인 구장복에 면류관을 쓴 이도와 왕비의 대례복에 대수머리를 한 소희가 근정전 월대로 나란히 걸어 나왔다. 이지는 내금위 병사들 뒤편에 다른 궁녀들과 함께 서서 이도와 소희와 멋진 모습을 지켜보고 있었다.

두 번째 북소리가 울리자 이제 상왕이 된 태종과 원경왕후가 입장했다. 이지는 멀리서 지켜보았지만 당당한 체격의 태종이 내뿜는 포스가 장난이 아니라고 생각했다. 이도와 소희의 인사를 받은 후, 태종과 원경왕후가 자리에 앉았다. 이도와 소희도 나란히 배치된 옥좌에 조심스럽게 앉았다.

신왕과 상왕이 자리를 잡고 나자 마침내 세 번째 북이 울리고, 대기하고 있던 영의정 심온이 월대 앞으로 나섰다. 이지는 심온이 소희의 아버지란 사실을 떠올리며 교지 두루마리를 펼치는 모습을 지켜보았다.

심온이 마침내 상왕이 왕권을 세자에게 물려준다는 전위교서를 읽기 시작했다. 근정전 뜰에 모인 수많은 신하들과 종친들 그리고 병사들이 숨을 죽인 채 이 역사적인 순간을 지켜보고 있었다. 전위교서의 낭독을 끝낸 심온이 뜰에 모인 사람들을 향해 소리쳤다.

"이로써 세자 이도가 천명을 받아 조선의 지존에 등극했음을 선포하노라!"

순간 궁 전체가 떠나갈 듯 함성이 울려 퍼졌다.

"와아아!"

"국왕 전하 만세!"

"상왕 전하 만만세!"

함성이 잦아들고 마지막으로 신하들과 종친들이 신왕에게 줄지어 인사를 올렸다. 그 모습을 지켜보다가 이지는 천천히 돌아섰다.

청명한 여름의 한낮이었다. 나무들이 울창하게 자란 궁을 거닐며 이지는 새삼 이 경복궁이 미래에서 보았던 것보다 몇 배 아름답다는 사실을 깨달았다.

"솔직히 나 말고 누가 조선 초기의 경복궁 뜰을 거닐어 볼 수 있겠어? 모처럼 궁 안을 천천히 산책해 볼까?"

자신과는 상관없는 소란을 피해 이지는 경복궁을 둘러보는 여유를 갖기로 했다. 파란 하늘에 흰 구름이 뭉실뭉실 떠 가는 여름의 궁궐을 이지는 오랜만에 홀가분한 기분으로 거닐었다. 기분이 상쾌해지며 콧노래가 절로 나왔다. 적어도 허리에 긴 칼을 찬 대전별감들이 앞을 가로막기 전까지는.

"누, 누구세요?"

겁에 질린 표정으로 묻는 이지를 향해 산적처럼 우락부락하게 생긴 대전별감이 으르렁거렸다.

"상왕 전하께서 너를 찾으신다."

"상왕 전하는 대조전에 계신데요?"

"방금 즉위식이 끝나고 창덕궁으로 향하셨다. 그리고 너를 불러오라고 명하셨지."

"지밀나인인 저를요? 대체 왜요?"

"그건 상왕 전하 앞에 가서 직접 여쭈어라."

"에이~ 뭔가 잘못 알고 온 거 아니에요? 상왕 전하께서 저같은 일개 궁녀를 찾으실 리가 없잖아요."

산적이 눈살을 확 찌푸렸다.

"네 이름이 윤이지 맞지?"

"마, 맞는데요."

"상왕 전하께서 바로 너를 데려오라고 하셨단 말이다."

그 말이 떨어지기 무섭게 별감 둘이 양쪽에서 이지의 팔을 붙잡았다.

"일단 이것 좀 놓고 얘기해요! 아프단 말이에요!"

이지가 버둥거리며 사정했지만 별감들은 입을 굳게 다문 채 이지를 상왕의 새로운 거처인 창덕궁 쪽으로 끌고 갔다.

"으으……."

벌써 십 분 넘게 이지는 상왕의 거처인 창덕궁 희정당 바닥에 엎드려 오들오들 떨고 있었다. 이지의 바로 앞에는 곤룡포를 입고 익선관을 쓴 태종이 앉아 있었는데 감히 눈을 마주칠 수 없을 정도로 숨막힐 듯한 위엄을 풀풀 풍기고 있었다. 한동안 이지를 지그시 응시하던 태종의 입이 천천히 열렸다.

"네 이름이 무엇이냐?"

"……."

이지는 대답하지 않았다. 아니, 대답하고 싶어도 접착제를 바른 듯 입이 떨어지지 않았다.

쾅!

"네 이름을 물었다!"

태종이 주먹으로 서탁을 내리치는 순간, 이지는 고개를 번쩍 쳐들었다.

"윤, 윤이지라고 합니다!"

"크흐음……."

날카로운 눈으로 자신을 쏘아보는 태종을 보며 이지는 심장이 떨렸다. 아빠가 즐겨보던 사극에서 대신이든 외척이든 가리지 않고 잡아들이던 태종의 모습이 떠올라 오금이 저렸다. 다시 태종의 낮게 가라앉은 목소리가 들렸다.

"네가 주상과 친하다고 들었다. 사실이냐?"

"치, 친한 건 아니고 전하께서 저를 아껴 주고 계시지요."

"그렇다면 잘 되었구나."

"그게 무슨……?"

이지가 비로소 태종의 얼굴을 똑바로 볼 수 있었다. 어라, 저 할아버지가 지금 웃고 있는 거 맞아? 태종의 입가에 흐릿한 미소가 걸린 것을 보고 이지는 황당한 표정을 지었다. 저 얼굴에 미소라니? 마치 호랑이가 자신의 발톱 밑에 깔린 토끼를 내려다보며 씨익 웃는 것 같군.

"너는 혹시 내가 외척들을 모조리 처단한 사실을 알고 있느냐?"

"예…… 사극에서 봤어요."

"사극? 그게 무엇이냐?"

이지가 황급히 손사래를 쳤다.

"소, 소문을 들어 알고 있다는 뜻입니다."

"알고 있다니 다행이구나. 내가 외척을 처단한 것은 그들이 결국에는 왕을 업신여기고, 백성들을 괴롭히기 때문이지."

흐음, 그 말에는 동의할 수 없는데요. 이지가 살던 시대에서는 외가가 더 대접을 받고 있는 것이다. 밥을 먹어도 꼭 외가 식구들과 먹었고, 여행을 가도 외가가 우선이었다. 하지만 태종에게 그런 말할 수도 없는지라 이지는 가만히 상왕의 다음 말을 기다렸다.

"그래서 나는 세자에게 용상을 물려주면서 그 외척마저 처단해 주려는 것이다."

"예…… 예……. 당연히 외척을 처단하셔야……"

정신없이 고개를 끄덕이다가 이지가 흠칫 놀랐다.

"전하의 외척이라면 설마 중전 마마의 아버지인 심온 대감을……?"

천천히 고개를 끄덕이는 태종의 눈에서 살벌한 광채가 일렁였다.

"물론 그가 스스로 사직한 후 낙향한다면 조용히 넘어가 줄 수도 있다. 하지만 새로운 왕에게 접근하여 세력을 키우려 한다면 심온은 물론 중전까지 화를 면할 수 없을 것이다."

"꿀꺽."

바로 이것이구나. 이게 바로 사극에 등장하는 태종의 무서움이구나. 이지는 마른 침을 삼키며 속으로 중얼거렸다. 태종이 번들거리는 눈으로 이지를 보았다.

"그래서 내가 너에게 부탁하려는 것이다."

"부, 부탁이라뇨?"

"네가 주상과 중전 곁에 머물며 외척들이 두 사람에게 접근하는지 감시해 다오. 잘 해 준다면 네게 후한 상을 내릴 것이다."

이지는 당연히 거절하고 싶었다. 하지만 그럴 수가 없었다. 누구라도 태종 앞에서는 거절이란 단어를 함부로 꺼낼 수 없을 것이다. 결국 이지는 떨리는 목소리로 이렇게 대답할 수밖에 없었다.

"상왕 전하의 분부에 따르겠습니다."

상왕을 만나고 온 이후, 이지는 불안 속에 하루하루를 보냈다. 왕이 된 이도와 중전이 된 소희 모두 친절했지만 이지의 마음은 편치 않았다. 가끔씩 태종이 사람을 보내 소희의 집에서 특별한 움직임은 없는지 물었다. 별로 전할 것도 없었지만 그때마다 첩자가 된 것 같아 죄책감이 들곤 했다. 그렇게 불안한 생활이 늦여름까지 계속되었다. 그리고 하늘이 높아지고, 옷깃을 스치는 바람이 시원하다 못해 차갑게까지 느껴지는 가을 어느 날, 일은 터지고야 말았다.

언젠가 이도와 함께 둑섬으로 사냥을 갔던 안헌오가 영의정 심온의 동생 심정을 좌의정 박은에게 고발한 것이다. 심정이 내금위장 강상인, 박습 등과 술을 마시며 "군대를 움직이는 명령이 상왕 전하로부터 나오는데, 이것은 주상 전하로부터 나오느니만 못하다."라고 했다는 것이다.

심온을 정적으로 여기고 있는 박은은 재빨리 태종에게 달려가 보고했다. 그날로 강상인과 박습, 심정 등이 체포되었다. 당시 영의정 심온은 청나라에 사신으로 가 있었는데, 그 역시 국경을 넘어오는 즉시 체포되어 수원으로 압송되었다. 그리고 며칠 후에 끔찍한 소식이 경복궁에 날아들었다. 심정, 강산인, 박습은 물론 중전의 아버지인 심온 대감마저 수원에서 사약을 받았다는 소식이었다.

"세상에…… 어떻게 며느리의 아버지를 단숨에……?!"

사건의 전말을 누구보다 잘 알고 있는 이지의 충격은 대단한 것이었다. 희미하게 미소 짓던 태종의 얼굴이 떠올라 이지는 진저리를 쳤다. 그 미소 속에 수천을 죽일 수 있는 살기가 숨겨져 있었다고 생각하니 끔찍하고 무서웠다.
　당연한 일이지만 중전 소희는 깊은 슬픔에 잠겼다. 며칠째 음식을 입에 대지 않고 울부짖는 중전을 보살피는 이도의 슬픔도 그에 못지 않았다. 하지만 시련은 끝난 게 아니었다. 가을이 깊어지면서 대신들이 다시 들끓기 시작했던 것이다.
　"전하, 역적의 여식인 중전을 폐하셔야 하옵니다!"
　"전하, 역적의 딸을 중전으로 모실 수는 없습니다!"
　"당장 중전을 폐한다는 교서를 내려 주옵소서!"
　박은을 비롯한 상왕의 대신들은 매일같이 몰려와 이도에게 중전을 쫓아내라며 압력을 가했다. 이도는 물론 단호히 거절했다.
　"그대들이 정 중전을 쫓아내겠다면 짐이 먼저 용상에서 내려오겠소. 상왕께 가서 그렇게 고하시오."
　"……."
　왕의 뜻이 이렇게 확고부동하니 대신들도 더 이상 강요하지는 못했다. 그런데 이 와중에 또 다시 사건이 터졌다. 그리고 이지도 이 사건에 휘말리게 되었다.

　"이지야…… 이지야, 자니……?"

자정이 지난 시각, 몇몇 궁녀들과 함께 자고 있던 이지는 자신을 나직이 부르는 소리에 잠에서 깨어났다.

"대체 누구지?"

고개를 갸웃하며 이지는 방문을 향해 조심조심 걸어갔다. 소리 죽여 문을 열고 나간 이지는 섬돌 아래 서 있는 여자를 발견하고 깜짝 놀랐다.

"중전 마마!"

"쉬잇!"

손가락을 재빨리 입술을 갖다 대는 사람은 바로 소희였다. 이지가 급히 소희 앞으로 내려왔다.

"한밤중에 대체 어쩐 일이세요?"

중전의 옷이 아니라 여염집 여자처럼 흰 저고리에 파란 치마를 두른 소희는 장옷으로 얼굴을 가린 채였다. 장옷 사이로 보이는 소희의 얼굴이 긴장으로 딱딱하게 굳어 있었다.

"네가 나를 좀 도와줘야겠다."

"무슨 일인데 그러세요?"

"실은 어머니가…… 어머니가…….'

소희가 울먹이며 털어놓은 사연은 대충 이랬다. 소희네 집안이 역적으로 몰려 풍비박산이 나면서 아버지는 죽고, 어머니는 노비가 되었다. 그 어머니가 도성 근처 천민 마을인 소선부곡으로 흘러 들어갔다는 소식이 들어와, 소희는 가족을 잃고 홀로 나락으로 떨어진 어머니를 외면할 수가 없어 신분을 숨긴 채 소선부곡으로 가려는 것이었다. 소희가 이지의 손을 움켜잡으며 말했다.

"제발 날 좀 도와줘, 이지야."

"뭘 어떻게 도와달라는 거죠?"

"날 소선부곡까지 데려다 줘. 넌 말을 탈 줄 아니까 날이 밝기 전에 다녀올 수 있지 않겠니."

"하지만 말이 없잖아요?"

"내가 사복시의 관원에게 부탁해서 한 필 구해 놨단다."

"말이 있다 해도 이곳은 궁궐이라고요. 이 밤중에 궁궐을 빠져나가는 것 자체가 쉬운 일은 아니에요."

"이게 있으니 괜찮아."

"이건 뭐예요?"

소희가 내민 둥근 쇠붙이를 보고 이지가 눈을 동그랗게 떴다.

"통부야. 이것만 있으면 언제든 궁궐을 출입할 수 있단다."

"으음……."

이지는 소희의 표정이 너무 절박해 도저히 외면할 수가 없었다. 윤이지, 만약 엄마가 그런 일을 당했다면 어떤 기분일지 상상해 봐. 이지는 결국 고개를 끄덕이며 이렇게 말했다.

"소선부곡까지의 길은 정확히 알고 있죠?"

우두두두!

우여곡절 끝에 궁을 빠져나온 이지는 어둠에 잠긴 조선의 밤길을 전속력으로 달렸다. 양반들이 살고 있는 기와집과 일반 백성들이 거주하는 일자 형태의 외통집이 휙휙 스치고 지나갔다. 숨을 헐떡이며 힐끗 돌아보니 소희의 장옷이 바람에 펄럭이고 있었다.

"떨어지지 않게 꽉 잡아요!"

향·소·부곡. 고려 때부터 조선 초에 이르는 천민 마을. 이것이 이지가 알고 있는 부곡에 대한 정보의 전부였다. 그냥 신분이 낮은 사람들이 살고 있는 마을이겠거니 생각했던 부곡은 그러나 상상 이상으로 비참한 모습이었다. 아직 새벽의 어둠이 물러가지 않은 휑한 벌판에 집이라고 부르기도 민망한 움막 백여 채가 어지럽게 흩어져 있었다. 움막과 움막 사이의 땅바닥에 음식찌꺼기와 오물들이 한데 뒤섞여 악취를 풍겼다.

"윽, 냄새야!"

땀범벅이 된 말을 끌고 부곡 안으로 들어서며 이지는 코부터 틀어막았다. 하지만 당장 눈물이라도 흘릴 것 같은 소희의 얼굴을 발견하고 슬그머니 손을 치웠다. 이런 끔찍한 장소에 어머니가 살고 있다는 사실 자체가 견디기 힘든 아픔일 것이다.

이지가 불이 꺼진 움막들을 둘러보며 고개를 갸웃했다.

"그런데 이 많은 움막 중에서 대체 어디서 마마의 어머님을 찾죠?"

"글쎄다. 일단 안쪽으로 조금 더 들어가 보자꾸나."

계속 걸음을 옮기던 이지는 문득 멈칫했다. 등 뒤에서 무언가 서늘한 느낌이 들었기 때문이다. 소희와 몇 걸음 더 걷다가 이지가 홱 돌아서며 소리를 질렀다.

"누구냐?"

이지는 처음에 자신들의 앞을 가로막고 서 있는 것이 좀비들인 줄 알았다. 걸레처럼 헤진 차림에 하나같이 퀭한 얼굴의 부곡민들이 영락없이 좀비처럼 보였기 때문이다. 그 무섭게 생긴 사람들이 발소리를 죽인 채 자신을 살금살금 따라왔다고 생각하니 머리털이 곤두설 지경이었다.

소희와 나란히 선 이지가 남녀노소로 이루어진 부곡민들을 가리키며 소리쳤다.

"귀신이면 썩 물러가고 사람이면 정체를 밝혀라!"

"콜록콜록!"

사람들 중 제일 연장자로 보이는 허리가 구부정한 노인이 지팡이를 짚은 채 앞으로 나섰다. 쭈글쭈글한 얼굴이 검버섯으로 뒤덮인 노인을 보며 이지는 한 백 살쯤은 되어 보인다고 생각했다. 노인이 간신히 기침을 그치고 말했다.

"우, 우리는 이곳 소선부곡 사람들이다. 그리고 나는 이 마을의 호장을 맡고 있는 황가란다."

"호장이 뭐예요?"

"마을 사람들을 대표하는 어른이라고 생각하면 된단다."

고개를 끄덕이며 이지가 다시 물었다.

"그런데 왜 다들 열흘쯤 굶은 듯한 얼굴을 하고 있나요? 귀신들이 떼거지로 나타난 줄 알았잖아요."

"굶은 듯한 게 아니라 실제로 굶은 거란다."

"예에?"

눈을 부릅뜨는 이지와 소희를 향해 황 노인이 서글픈 표정으로 말했다.

"여름 내내 가뭄이 극심해 수확을 거의 못 했단다. 게다가 우리 같은 천민 마을은 관에 내는 세금 또한 무겁지. 그러니 우리들이 먹는 날보다 굶는 날이 많은 것은 당연한 일이 아니겠니?"

"하아."

이지와 소희가 동시에 깊은 한숨을 내쉬었다. 그래서 두 사람은 곧 쓰러질 듯하던 황 노인의 눈이 갑자기 번들거리는 것을 보지 못했다.

"그래서 말인데……, 너희들에게 부탁이 있구나."

"무슨 부탁이오?"

"그 말을 우리에게 다오."

황 노인이 이지가 고삐를 붙잡고 있는 말을 가리킬 때까지, 이지는 부곡민들의 의도를 정확히 알아차리지 못했다. 소희가 이지보다는 눈치가 조금 더 빨랐다.

"서…… 설마……?!"

눈을 크게 뜨는 소희를 향해 황 노인이 씨익 웃었다.

"그 녀석을 잡으면 마을 전체가 오랜만에 고깃국이라도 맛볼 수 있지 않겠니? 너희들이 불쌍한 우리에게 적선한 셈 치거라."

이지가 말도 안 된다는 듯 소리쳤다.

"절대로 안 돼요! 이 녀석은 우릴 다시 집으로 데려다 줘야 한단 말이에요! 꼭 그게 아니더라도 우릴 여기까지 태워다 준 녀석을 죽게 할 순 없어요!"

"말의 목숨이 중요하냐, 사람의 목숨이 중요하냐?"

"그…… 그건……."

우물쭈물하는 이지와 소희를 향해 부곡민들이 다시 좀비들처럼 다가왔다. 황 노인이 으스스하게 말했다.

"너희까지 해치고 싶진 않다. 그러니 조용히 말을 놓고 물러가라."

"어어…… 이러지 말아요. 이러면 우리도 가만히 있지 않을 거예요."

이지가 소희와 함께 주춤주춤 뒷걸음질을 했다. 황 노인이 누런 이를 드러내며 비웃었다.

"가만히 있지 않으면? 우리가 아무리 굶주렸어도 계집아이 둘을 못 당할까?"

부곡민들의 손이 팔을 낚아채려는 순간, 이지가 소희를 가리키며 빽 소리쳤다.

"무엄하다! 이 분은 바로 중전 마마시다!"

"……!"

동시에 황 노인을 비롯한 부곡민들이 우뚝 멈춰 섰다. 이지가 그럼 그렇지 하는 표정으로 씨익 웃었다. 이제 곧 부곡민들이 소희 앞에 앞다퉈 무릎을 꿇을 것이다. 하지만 그것은 순전히 이지만의 착각으로 밝혀졌다.

"큭큭…… 저 아이가 중전이면 나는 상감마마다!"

"상감마마가 명하노니, 당장 말을 내놓아라!"

이지의 호통은 역효과를 일으켜 부곡민들이 일제히 말을 빼앗으러 달려들었다.

"당장 그만두시오!"

호통소리가 들려온 것은 바로 그때였다. 그 소리에 놀란 부곡민들이 일제히 멈춰 서서 뒤를 돌아보았다. 이지도 소희와 함께 부곡민들이 바라보는 곳을 응시했다. 거기 웬 아주머니 한 분이 서 있었다. 부곡의 다른 여인들처럼 헤진 치마저고리를 입고 있었지만, 얼굴에선 어쩐지 함부로 대할 수 없는 기품 같은 것이 흐르고 있었다.

"마마, 저 아주머니는 다른 사람들과는 어딘지 좀 다르지 않아요?"

소희를 돌아보던 이지는 흠칫 놀랐다. 소희의 눈에서 눈물이 주르륵 흐르는 것을 발견했기 때문이다. 그렇다면 혹시? 이번만은 이지의 예상이 정확했다. 소희가 눈물을 뿌리며 달려가 아주머니를 와락 껴안았기 때문이다.

"어머님!"

"중전 마마!"

서로를 끌어안고 서럽게 우는 모녀를 이지는 부곡민들과 함께 조용히 지켜보았다. 부곡민들끼리 수군거리는 소리가 들렸다.

"방금 부인이 중전 마마라고 했지?"

"나도 분명히 그렇게 들었어."

"그렇다면 저 분이 정말 중전 마마?!"

마을 사람들의 태도로 보아 소희의 어머니를 함부로 대하고 있지 않은 것이 분명했다. 이지가 흠흠 헛기침을 하며 부곡민들을 꾸짖듯이 말했다.

"그러게 내가 뭐라고 했어요. 저 분은 중전 마마가 확실하다고 하지 않았어요."

부곡민들이 눈에 띄게 당황하기 시작했다.

"우리가 중전 마마를 핍박했구만."

"이제 우린 다 죽은 목숨이야."

황 노인이 아직 서로를 부둥켜안고 있는 모녀에게 다가가 머리를 조아렸다.

"부디 저희를 용서해 주십시오."

그제야 모녀는 떨어졌다. 눈물을 훔치는 소희 대신 어머니 안씨 부인이 말했다.

"그대들이 배가 고파 그런 것을 내가 알고 있소. 또한 마을 전체가 이곳으로 온 나를 정성을 다해 대해 주었는데 중전께서 그대들에게 설마 벌이야 내리시겠소? 너무 걱정하지들 마오."

황 노인과 부곡민들이 앞 다퉈 머리를 조아렸다.

"감사합니다, 부인."

"감사합니다, 마마."

부곡민들이 돌아가고 안씨 부인이 이지와 소희를 자신의 움막으로 안내했다. 움막 안으로 들어간 소희는 눈물이 앞을 가려 참을 수가 없었다.

"이런 곳에서 살고 계셨습니까?"

이지가 보기에도 움막은 도저히 사람이 살 만한 곳이 아니었다. 냉기가 흐르는 흙바닥에 가마니를 깔고, 그 위에 때가 꼬질꼬질한 거적을 펼쳐 놓았을 뿐이었다. 바닥 한쪽에 구덩이를 파고, 그곳에 작은 숯불을 피워 간신히 추위를 이겨내고 있었지만 움막은 전체적으로 어둡고, 춥고, 악취가 풍겼다. 이런 곳에서 하루만 살아도 틀림없이 병에 걸릴 거라고 이지는 생각했다. 눈물 젖은 눈으로 움막을 둘러보던 소희가 안씨 부인의 손을 잡고 비통하게 말했다.

"평생 손에 물 한 번 묻히지 않으신 어머니가 이렇게 비참하게 살고 계시다뇨? 죄송해요, 어머니. 이게 다 저 때문이에요."

"마마 때문이라뇨? 그게 무슨 말씀입니까?"

"제가 주상 전하와 혼인만 하지 않았어도 집안이 풍비박산 나는 일도, 어머니께서 노비가 되시는 일도 없었을 거예요."

안씨 부인이 인자하게 미소 지었다.

"그런 말씀 마세요. 저는 주상 전하처럼 늠름한 사위를 맞은 것이 늘 자랑스러웠답니다."

"하지만 전하의 부왕이신 태종 대왕께서 아버지를 죽이고, 어머니를 노비로 만들었어요!"

분노로 일그러진 소희의 얼굴을 가만히 바라보다가 안씨 부인이 애써 슬픔을 누르며 말했다.

"아버지는 억울하게 떠나셨습니다. 하지만 전하를 원망하지는 마세요. 전하께서도 중전 마마 이상으로 장인의 죽음을 슬퍼하고 계실 겁니다."

"흐흑~ 어머니!"

"자자…… 이쪽으로 앉으세요."

소희가 안씨 부인과 이지의 부축을 받으며 자리에 앉았다. 설움이 복받친 딸의 등을 안씨 부인은 부드럽게 쓸어주었다. 안씨 부인이 문득 이지를 보며 물었다.

"그런데 이 아이는 누군지……?"

소희가 눈물을 훔치며 대답했다.

"주상 전하의 지밀나인인 이지라는 아이예요. 전하는 물론 저와도 친구처럼 지내는 사이지요."

고개를 끄덕이던 안씨 부인이 이지에게 당부했다.

"이지야, 앞으로도 우리 마마를 잘 부탁한다. 너의 눈동자가 맑은 것을 보니, 심성 또한 곧은 아이 같구나."

이지가 고개를 크게 끄덕였다.

"명심하겠습니다, 마님."

"마님이라고 하지 말고 어머님이라고 부르렴."

"네? 네, 알겠습니다, 어머님. 그런데 저…… 궁금한 점이 한 가지 있는데요?"

"말해 보렴."

"마을 사람들이 어머님께 굉장히 잘 하려고 하던데 특별한 이유라도 있는 건가요?"

희미한 미소를 머금은 채 잠시 뜸을 들이던 안씨 부인이 설명했다.

"내가 이곳으로 끌려올 당시, 약간의 금붙이와 패물을 가지고 있었단다. 그걸 잘 간수하고 있다가 배를 곯고 있는 마을 아이들을 위해서 썼지. 그때부터 마을 사람들이 날 가족처럼 대하더구나."

"그런 일이 있었군요."

이지가 비로소 알겠다는 듯 고개를 끄덕였다.

꼬끼오오~

이때 새벽 첫닭이 우는 소리가 들려왔다. 딸의 손등을 쓰다듬던 안씨 부인의 표정이 어두워졌다.

"늦기 전에 궁으로 돌아가셔야죠, 마마."

"……."

"마마……?"

"나는 가지 않겠어요."

고집스럽게 내뱉는 소희의 얼굴을 이지와 안씨 부인이 동시에 홱 돌아보았다.

"궁으로 돌아가지 않겠다니, 대체 무슨 말씀이십니까?"

"이런 곳에 어머니 혼자 두고 갈 수는 없어요."

"안 됩니다. 그랬다간 상왕 전하의 진노를 살 게 분명해요."

이지도 안씨 부인을 거들고 나섰다.

"어머님의 말씀이 옳아요. 주상 전하께서도 마마를 걱정하고 계실 거라고요."

소희가 이지의 얼굴을 똑바로 보며 단호하게 말했다.

"이지 네가 전하께 달려가 나의 사정을 말씀드려 주렴. 그럼 전하께서도 이해해 주실 거야."

"하지만……."

안씨 부인이 손사래를 치고 나섰다.

"지금 궁에선 좌의정과 병조좌랑 등이 주축이 되어 마마를 쫓아내려 혈안이 돼 있다고 들었습니다. 이럴 때 마마께서 입궐하지 않는다면 저들에게 빌미를 제공하는 것입니다."

"비록 폐위된다 해도 어머니 곁을 떠나지 않겠어요."

"하아."

소희의 고집스런 얼굴을 보며 이지와 안씨 부인이 동시에 한숨을 몰아쉬었다.

아침이 밝을 무렵, 이지는 가까스로 궁에 도착할 수 있었다. 중전의 처소인 교태전에선 이미 큰 소동이 벌어지고 있었다.

"중전이 밤새 사라졌다니? 그걸 지금 말이라고 하는 것이냐? 당장 중전을 찾아라! 지금 당장!"

평소 아랫사람들에게 친절한 이도의 성난 고함이 교태전 뜰에 쩌렁쩌렁 울려 퍼졌다. 교태전 섬돌 위에 성난 얼굴로 버티고 서 있는 이도를 향해 이지가 빠르게 다가가 속삭였다.

"마마가 어디에 계신지 알고 있습니다, 전하."

"그, 그게 사실이냐?"

"쉬잇……!"

이지가 손가락을 입술에 대며 조용히 하라는 신호를 보냈다. 이상한 낌새를 눈치 챈 이도가 이지의 손목을 잡고 교태전 안으로 들어갔다.

"자, 이제 말해 봐. 중전은 어디에 있지?"

"그게 실은……"

초조한 이도의 얼굴을 보며 이지가 설명을 시작했다. 이도는 때론 고개를 끄덕이고, 때론 신음을 흘리며 이지의 말에 귀를 기울였다. 마침내 모든 설명이 끝났을 때, 이도의 얼굴은 지나치리만큼 차분해져 있었다.

"중전의 마음은 충분히 알겠어. 중전이 오지 않겠다면 당분간 그대로 둘 수밖에."

"예에……?!"

황당한 표정을 짓는 이지를 남겨두고 이도가 방을 나갔다.

"사정전에서 신하들이 기다리고 있어서 난 이만……."

이지가 이도에게 급히 따라붙으며 항의조로 말했다.

"이대로 가 버리면 어떡해요? 안씨 부인이 말하길, 중전께서 어머니 곁에 머물면 중전을 쫓아내려는 간신배들에게 빌미가 될 거라고 했어요. 그 전에 전하께서 무슨 대책을 세우셔야죠."

방문을 열고 나가려다가 이도가 멈칫했다. 문고리를 잡은 채 가늘게 떨고 있던 이도가 이지를 스윽 돌아보았다. 그의 얼굴이 너무 차갑게 굳어 있어 이지는 순간적으로 움찔했다.

"내게 대체 무슨 힘이 있어서?"

"예?"

"중전이 도성 밖 소선부곡에 머무는 것은 어머니에 대한 효도 때문이니 막을 수야 없지. 하지만 그걸 빌미로 상왕께서 중전을 쫓아내려 한다 해도 나로선 막을 힘이 없구나. 그러니 조용히 지켜보는 수밖에 없다는 것이다."

한동안 멍하니 이도를 보다가 이지가 내뱉듯이 말했다.

"너무 비겁해요."

"뭐?"

"중전께선 전하를 하늘처럼 믿고 있어요. 그런데 전하는 꼭 남의 일처럼 말하고 있잖아요."

이도가 피식 자조적으로 웃었다.

"그게 바로 나인걸. 왕관을 썼으나, 아무런 힘도 없는 이름뿐인 왕. 이런 내가 할 수 있는 일이라곤 모든 일이 잘 풀리길 숨죽인 채 지켜보는 수밖에 없지."

이도가 뜰로 내려서자 내관들이 우르르 달려와 에워쌌다. 대전 지밀상궁이 된 엄 상궁도 이지를 째려보며 이도를 따라 종종걸음을 쳤다. 이지는 우두커니 서서 멀어지는 이도의 뒷모습을 보고 있었다.

이도의 방관적인 태도는 이지에게 큰 충격을 주었다. 그리고 어쩔 수 없이 주노의 모습을 떠올리게 했다. 아주 특별한 사이처럼 행동하다가, 막상 자신이 곤경에 처하면 나 몰라라 방관자로 돌아서는 이기적인 남자. 이지가 입술을 질끈 깨물며 중얼거렸다.

"남자들은 다 똑같아. 하나같이 믿을 수 없는 이기적인 존재들이야."

그런 이지의 뒤쪽에서 갑자기 낮고 묵직한 음성이 들렸다.

"네가 어린 나이에 아주 좋은 교훈을 얻었구나."

흠칫 돌아서는 이지 앞에 뒷짐을 진 채 서 있는 사람은 바로 태종이었다. 태종 주위에는 상왕전의 늙은 내관들과 환도를 찬 별감들이 시립해 있었다.

"사…… 상왕 전하……."

이지가 태종을 향해 허리부터 조아렸다. 빙글빙글 웃으며 이지를 지켜보다가 태종이 넌지시 물었다.

"궁 밖에 다녀왔다고?"

"예?"

흠칫 고개를 쳐드는 이지의 눈을 태종이 똑바로 쏘아보았다.

"내가 잘못 알고 있는 건가?"

사실대로 말해야 하나, 아님 딱 잡아떼야 하나? 이지는 고민에 빠졌다. 하지만 늘 기분 나쁜 광채가 일렁이는 상왕의 눈동자를 마주하는 순간, 이지는 사실대로 말할 수밖에 없다는 결론에 도달했다.

"시, 실은 도성 밖 소선부곡에 다녀왔습니다."

"흐음……. 소선부곡이라…… 소선부곡……."

턱을 어루만지며 짐짓 생각하는 척하던 태종이 비로소 생각났다는 듯이 씨익 웃었다.

"소선부곡이라면 혹시 역적 심온의 처가 유폐되어 있는 천민 마을 아니냐?"

다 알고 있으면서 뭘 그래요? 불만을 삭이며 이지가 공손히 머리를 숙였다.

"예, 맞습니다."

"그렇다면 중전과 함께 다녀온 것이냐?"

"그…… 그게…….."

이지가 다시 머뭇거리자 태종의 눈이 번뜩했다.

"너는 내가 정말 웃고 있는 것처럼 보이느냐?"

"예?"

"나는 정말로 화가 나면 웃는 버릇이 있다. 나를 잘 아는 이들은 내가 웃을 때는 더욱 조심하려 하지."

태종은 여전히 웃고 있었으나, 눈만은 차갑기 그지없었다. 태종의 살벌한 눈초리에 심장이 멎을 듯한 공포를 느끼며 이지는 고개를 주억었다.

"예…… 예……. 알겠습니다."

"자, 다시 물으마. 중전과 소선부곡에 갔느냐?"

"그렇습니다."

"저런, 중전께서 고초를 겪고 있는 어머니가 걱정되셨던 게로군."

"그, 그렇습니다. 두 모녀가 만나는 장면은 정말이지 눈물 없이는……."

"하지만 정은 정이고, 법은 법! 중전이 역적을 만나기 위해 궁을 빠져나갔다면 결코 묵과할 수 없는 일이다!"

"딸꾹!"

태종의 표정이 돌변하자, 이지는 너무 놀라 딸꾹질까지 했다.

"그래서 중전은 지금 어디에 있느냐? '

"그것이…… 그것이……."

이지는 하늘이 노래지는 기분이었다. 하지만 아무리 소희를 보호해 주고 싶어도 저 호랑이 같은 태종 앞에선 거짓말을 할 수가 없는 것이다. 이지가 떨리는 목소리로 중얼거렸다.

"주, 중전 마마께선 돌아오지 않으셨습니다."

"돌아오지 않다니? 그건 또 무슨 말이냐?"

"어머니 혼자 그런 장소에 버려둘 수는 없다며 당분간 부곡에서 지내시겠다고……."

"으핫하하!"

태종이 갑자기 웃음을 터뜨렸다. 이건 또 무슨 일인가 하여 이지가 황당한 눈으로 태종을 보았다. 태종이 웃음을 뚝 그쳤다. 그리고 지금까지 보았던 그 어떤 모습보다 무서운 얼굴로 내뱉었다.

"중전이 더 이상 국모의 자리에 미련이 없는 모양이군. 좋아, 소원이라면 영원히 어미와 함께 살게 해 주지."

"딸꾹 딸꾹!"

이지가 할 수 있는 것은 그저 딸꾹질뿐이었다.

세 가지 시험

 그날 오후, 조선 왕의 공식 집무실인 경복궁 사정전에서 긴급회의가 열렸다. 상왕 태종과 신왕 이도가 함께 자리한 가운데, 박은과 안헌오를 비롯한 대신들이 모여 앉았다. 이지도 왕의 지밀나인으로서 사정전 한 쪽에 다소곳이 서서 회의를 지켜보고 있었다.
 먼저 안헌오가 입을 열었다.
 "전하, 감히 말씀드리건대 중전을 폐하셔야 하옵니다."
 순간 이도의 안색이 핼쑥해졌다. 이도가 불안한 눈으로 등 뒤에 앉아 있는 태종을 보았다. 아들의 시선을 무시한 태종이 안헌오에게 물었다.
 "어째서 그러한가?"
 "중전의 아비인 심온이 강상인, 심정 등과 함께 역모를 꾸미다가 발각되어 사약을 받았습니다. 이 같은 사실만으로도 중전께선 더 이상 국모의 자리를 지키실 수 없사옵니다."

그건 당신과 박은의 모함 때문이잖아! 이지는 안헌오를 향해 소리치고 싶은 충동을 꾹 참으며 일이 어떻게 돌아가는지 긴장된 표정으로 지켜보았다. 잠시 숨을 고르던 안헌오가 말을 이었다.

"그런데 자숙해야 할 중전께서 역도가 되어 천민으로 떨어진 어미를 찾아 몰래 궁궐을 나간 것도 모자라, 아예 입궁조차 않고 있습니다. 이 기회에 중전마저 폐하여 소원대로 어미 곁에서 지내게 하는 것이 옳은 줄 아뢰옵니다."

안헌오의 말이 끝나기 무섭게 대신들이 일제히 외쳤다.

"중전을 폐하소서!"

"중전을 폐하소서!"

"중전을 폐하소서!"

이런 형편없는 신하들 같으니. 엄마가 불쌍해서 함께 있어 주겠다는 게 왜 잘못이란 말이야? 이지는 너무 화가 나 주먹이 벌벌 떨렸다. 이지는 힐끗 이도의 얼굴을 살폈다. 자신보다 몇 배 분노했을 이도가 신하들에게 호통쳐 줄 것을 기대하면서.

하지만 이도는 꾸지람을 들을까 봐 무서운 아이처럼 태종 앞에서 고개를 푹 숙이고 앉아 있었다. 이도에게서는 소희를 구하기 위한 어떤 의지도 읽히지 않았다.

'어떻게 저렇게 무책임할 수가……?!'

이지는 실망을 넘어 분노했다. 주노에게 받은 상처가 너무 커 한때 닭살 커플인 이도와 소희를 의심의 눈초리로 바라본 적도 있었다. 하지만 막상 눈앞에서 이도의 배신을 목격하니, 소희가 너무 가여워 견딜 수가 없었다. 애써 봉합한 자신의 상처마저 다시 벌어져 빨간 속살이 보이는 듯했다.

'그러지 마, 이도. 넌 하주노를 닮았지만 그처럼 비겁한 남자는 아니잖아. 어서 자리를 박차고 일어나 중전을 쫓아내면 나도 왕이고 뭐고 다 그만두겠다고 소리치란 말이야!'

그러나 이지의 간절한 바람과는 정반대로 상황은 전개되고 있었다. 이도의 침묵 속에 신하들은 앞다퉈 중전을 쫓아내라 소리치고 있었.

"경들은 조용히 하라."

태종의 나직한 목소리가 사정전에 울려 퍼지자 까치 떼처럼 떠들던 신하들이 일제히 입을 닫았다. 박은과 안헌오도 입을 다문 채 의미심장한 눈빛만 교환했다.

눈을 지그시 감은 채 생각에 잠겨 있던 태종이 천천히 입을 달싹였다.

"주상."

"예, 예? 아바마마!"

이도가 흠칫 놀라며 태종을 돌아보았다. 광채가 어른거리는 눈으로 아들의 얼굴을 응시하며 태종이 물었다.

"주상의 생각은 어떠십니까?"

"무, 무엇을 말이옵니까?"

"중전을 폐해야 한다고 생각합니까 아니면 그냥 둬야 한다고 생각합니까?"

이도는 멍하니 눈을 부릅뜬 채 대답하지 못했다. 이지는 그런 이도가 한심하게 느껴졌다. 사랑하는 사람을 지킬 수 있는 마지막 기회일지도 몰라. 설마 이대로 포기하려는 건 아니겠지? 하지만 이도는 태종의 시선을 외면하며 이렇게 중얼거리고 말았다.

"제, 제가 뭘 알겠습니까? 아바마마의 뜻대로 하소서."

"……."

태종이 한동안 말없이 아들의 뒤통수를 지그시 쳐다보았다. 태종이 마침내 사정전에 모인 신하들을 둘러보며 선언했다.

"중전의 행동은 확실히 지나쳤다. 여러 신하들도 중전을 폐해야 한다고 말하고 주상 또한 반대하지 않으니 상왕으로서 짐은 중전을 폐할 것을……."

"잠깐 기다려 주세요!"

갑작스런 고함 소리에 태종이 멈칫했다. 신하들이 휘둥그레진 눈으로 일제히 뒤를 돌아보았다. 사정전 입구에서 시중을 들기 위해 대기 중이던 궁녀들이 일제히 한 궁녀를 주시하고 있었다. 대신들의 시선도 문제의 궁녀에게로 집중되었다. 태종과 이도의 시선도 그 궁녀에게 꽂혔다. 좌중의 시선을 한 몸에 받으며 당황하고 있던 이지가 태종을 향해 간신히 입을 달싹였다.

"저, 저는 불공평하고 생각합니다."

이지를 지그시 쏘아보다가 태종이 물었다.

"흐음……, 불공평하다라? 대체 무엇이 말이냐?"

"상왕 전하께서도 과거에 외척인 민씨 일가를 모조리 몰아낸 적이 있으시지만 그때도 왕비이셨던 지금의 대비마마만큼은 지켜주지 않으셨나요. 그런데 아들인 주상전하께는 부인마저 쫓아내라고 하시니, 불공평한 일이 아니신지요?"

순식간에 사정전이 침묵에 잠겼다. 신하들은 숨 막힐 듯한 긴장감 속에 태종의 눈치만 살폈다. 이지를 노려보는 태종의 눈빛

이 살벌했다. 저 건방진 궁녀를 끌어내다가 당장 사약을 내려라! 당장이라도 태종의 고함 소리가 들려올 것만 같아 이지는 목을 움츠렸다. 대체 왜 나선 거야? 왜? 왜? 후회가 밀려들었지만 이미 때는 늦었다.

"그래서…… 넌 어떻게 했으면 좋겠느냐……?"

태종이 나직이 묻자 이지는 흠칫 정신을 차렸다. 어느새 모든 대신들의 시선이 이지에게 쏠려 있었다. 어차피 물러설 곳도 없다는 생각에 이지가 꿀꺽 마른침을 삼킨 후 대답했다.

"중전께도 기회를 드려야죠. 자신이 조선의 국모로서 적합하다는 것을 입증할 기회 말입니다."

"기회…… 기회라……."

태종이 고민스럽다는 듯 턱을 어루만졌다. 안헌오와 박은이 다시 나섰다.

"아니 되옵니다, 상왕 전하. 중전은 이미 역도의 자식입니다."

"역도의 자식을 국모 자리에 놔둘 수는 없습니다."

태종이 짜증스럽다는 듯이 미간을 찌푸리자 두 사람은 재빨리 입을 다물었다. 태종이 이지에게 다시 물었다.

"그래서 너는 중전에게 어떤 기회가 주어져야 한다고 생각하느냐?"

"그것까진 잘 모르겠습니다. 그건 상왕 전하와 주상 전하께서 결정하실 문제라고 생각해요."

자신 없는 표정으로 말하는 이지를 보며 태종이 수긍하듯 고개를 끄덕였다.

"주상께선 특별한 생각이라도 있으시오?"

"소, 소자가 무엇을 알겠습니까? 아버님과 여러 대신들이 결정하시면 따르겠나이다."

으이그~ 사랑하는 사람의 운명이 걸렸는데 남의 일처럼 말하는 꼴 좀 보라지. 이지가 다시 이도를 째려보았다. 수염을 쓰다듬으며 골똘히 생각에 잠겨 있던 태종이 박은을 향해 불쑥 물었다.

"소선부곡은 어떤 마을이지?"

"도성 바깥에 위치한 천민들의 마을입니다. 태조 대왕께서 조선을 건국하실 때, 끝까지 고려 왕실에 충성했다가 강등된 자들이 모여 살고 있지요. 척박한 허허벌판에 세워진 마을인지라 여름이면 가뭄에 시달리고, 겨울이면 강풍에 시달리는 아주 험한 곳인 줄 아옵니다."

"흐음…… 그렇게 살기 힘든 마을이란 말이지. 그럼 올해는 어떤가? 올 여름에도 혹 가뭄이 들었는가?"

"해마다 가뭄이 들고 있습니다."

"그럼 부곡민들이 굶주림에 시달리겠군?"

"그런 줄 아옵니다. 이 시기쯤 보리를 파종해야 겨울을 넘길 텐데, 그나마도 물이 부족해 엄두조차 못 내는 형편이라 들었습니다."

"어쨌든 그들도 조선의 백성 아닌가. 최소한의 배고픔을 해결할 보리조차 뿌리지 못한다니, 안타깝기 그지없도다."

태종이 문득 이지를 쳐다보며 의미심장하게 웃었다.

"중전에게 가서 지금부터 꼭 열흘을 주겠다고 전해라."

"예? 무슨 말씀이신지……?"

"그 안에 소선부곡 부곡민들과 힘을 합쳐 보리를 파종할 수 있는 물을 끌어들이라고 말이다."

태종의 눈이 순간적으로 번뜩했다.

"나는 이것을 중전이 스스로의 자격을 증명할 수 있는 세 번의 시험 중 첫 번째로 삼으려고 한다."

"세 번의 시험 중 첫 번째라고요? 그, 그럼 상왕 전하께서 내시는 세 번의 시험을 모두 통과하면 중전마마를 쫓아내지 않으시겠다는 뜻인가요?"

태종이 순순히 고개를 끄덕였다.

"중전뿐 아니라 부곡민 전체를 천민에서 양민으로 격상시켜 줄 작정이다. 물론 중전의 어미인 안씨도 원래의 신분을 되찾게 되겠지."

"아……!"

중전에게도 기회가 주어졌다는 생각에 이지의 안색이 환해졌다. 하지만 기쁨은 오래가지 못했다. 거품을 물며 반대할 줄 알았던 안헌오와 박은이 회심의 미소를 짓고 있는 것을 발견했기 때문이다.

대체 왜 웃는 거지? 불안한 마음에 고개를 갸웃거리다가 이지는 비로소 알아차렸다. 주변에 물이라곤 없는 허허벌판에 어떻게 보리를 심을 수 있단 말인가? 그건 결국 열흘 안에 강을 하나 만들라는 소리와 같았다. 어차피 불가능한 일을 하라고 해 놓고, 중전을 쫓아낼 구실로 삼으려는 거구나.

이지는 흐릿하게 웃고 있는 태종의 얼굴을 째려보았다. 하지만 그런 엉터리 시험은 받아들일 수 없다고 소리칠 수는 없었다. 그랬다간 마지막 기회마저 박탈당할 테니까.

'적어도 이럴 땐 뭐라고 한 마디 해 줘야 하는 거 아닌가요?'

답답한 마음에 이지는 여전히 꿀 먹은 벙어리처럼 앉아 있는 이도를 쳐다보았다.

국모의 자격

 그날 날이 저물기 전 이지는 다시 말을 몰고 소선부곡으로 돌아갔다. 소희는 마을에 없었다. 부곡민 전체가 먹을 것을 구하러 들판으로 나가 있었는데 거기에 함께 가 있었다. 여름내 가뭄으로 고생한 부곡민들은 배고픔에 시달리고 있었다. 그래서 그들은 들판으로 나가 나뭇가지에서 떨어진 과일이든, 나물이든, 칡뿌리든 먹을 수 있는 것은 무엇이든 구해야 했다.

"하아."

 서둘러 들판으로 향한 이지는 깊은 한숨을 내쉬고 말았다. 어둠이 내리며 추워지기 시작한 들판에 백 명이 넘는 마을 사람들이 쪼그리고 앉아 땅을 헤집고 있었다. 하지만 그들 손에 쥐어진 소득은 칡뿌리 몇 개와 나물 한 움큼이 전부였다. 그래서인지 부곡민들은 더 지치고 고단해 보였다. 그런 마을 사람들 틈에 섞여 소희와 안씨 부인도 호미로 땅바닥을 뒤적이고 있었다.

'이 나라의 국모라는 분이 저게 대체 무슨 고생이람?'

새삼 소희에 대한 동정심을 느끼며 이지는 모녀에게로 다가갔다.

"이지가 돌아왔구나!"

소희와 안씨 부인이 반색하며 일어섰다. 하지만 이지의 굳은 얼굴을 발견하고 소희의 안색도 어두워졌다.

"무슨 일이 있었니?"

"……."

이지는 선뜻 대답하지 못했다. 소희가 더욱 불안한 듯 물었다.

"무슨 일인데 그래? 전하는 뵈었니?"

"만나긴 만났어요. 그런데……."

이도에 대한 얘기가 나오자 이지는 절로 눈살을 찌푸렸다. 그리고 상왕 태종, 대신들 사이에서 중전을 쫓아내자는 회의가 열렸다는 소식을 전했다. 이지는 무엇보다 이도의 무책임한 태도에 대해 분노 섞인 목소리로 자세히 말해 주었다. 이지의 말을 다 듣고 난 이후에도 소희의 표정에는 변화가 없었다.

이지가 소희를 향해 이해할 수 없다는 듯이 물었다.

"화도 나지 않아요? 마마께서 그렇게 믿고 있는 남자가 마마를 배신했다고요."

"그 분이 그럴 리가 없어."

확신에 차서 말하는 소희를 보며 이지는 더욱 화가 치밀었다. 꼭 예전의 자신을 보는 것 같았기 때문이다.

"제 눈으로 직접 봤는데 무슨 말씀이세요? 안헌오와 박은 같은 신하들이 마마를 쫓아내야 한다고 외칠 때도, 전하께서는 단 한 마디도 마마의 편을 들어주지 않았다니까요."

"으음……."

그제야 소희의 표정이 살짝 굳어졌다. 이지도 소희를 괴롭힐 생각은 없었다. 하지만 어떠한 경우에도 그녀가 진실을 알아야만 한다고 생각했다. 아무것도 모르고 당하는 바보가 될 수는 없지 않은가. 이지는 어느 순간부터 자신과 소희를 동일시하고 있었던 것이다.

잠시 후, 소희가 굳은 표정을 풀고 말했다.

"그래도 나는 전하를 믿어. 전하께서 나를 위한 변명을 하지 않았다면, 그 역시 나를 위해서일 거야."

이지는 그만 버럭 화를 내고 말았다.

"그게 말이 된다고 생각해요? 진짜 위한다면 상왕 전하와 맞서 싸워야죠! 감히 중전을 내쫓자고 주장하는 신하들에게 호통을 쳐야죠! 내 말이 틀렸나요?"

"이지야……?!"

씩씩대는 이지의 얼굴을 소희가 멍하니 바라보았다. 이지의 목소리가 싸늘해졌다.

"전하를 믿든 말든 그건 마마의 자유예요. 하지만 열흘 안에 이 굶주린 마을에 보리를 파종할 수 있도록 물을 끌어와야 할 거예요. 앞으로 상왕 전하께서 마마께 내릴 세 번의 시험 중 이 첫 번째 시험을 해결하지 못하면 마마는 즉시 쫓겨나고 말 테니까요."

찬바람을 일으키며 돌아서는 이지의 뒷모습을 소희가 당황스런 눈으로 바라보았다. 안씨 부인이 다가와 딸을 위로하듯 등을 쓸어주었다.

"너무 섭섭해 마세요. 저 아이는 마마의 처지가 안타까워 저러는 겁니다."

"저도 이지의 마음을 알아요, 어머니."

희미하게 미소를 짓다가 소희가 다시 한숨을 쉬었다.

"그나저나 어떻게 열흘 안에 물을 끌어오죠?"

"그러게 말입니다. 이 근처에 물이라곤 마을에서 십 리나 떨어진 작은 개울뿐인데요."

다음 날 아침, 소희는 호장인 황 노인을 시켜 부곡민 전체를 움막 앞으로 모이게 했다. 백 명이 약간 넘는 사람들이 어리둥절한 표정으로 소희와 안씨 부인 앞으로 몰려들었다. 소희가 마을 사람들의 면면을 찬찬히 살펴보았다. 야위고 헐벗은 그들을 보고 있는 것만으로도 가슴이 아팠다.

소희가 흠흠 헛기침을 하다가 부곡민들을 향해 큰 소리로 말했다.

"여러분, 올 겨울을 넘기기 위해선 마을 앞의 논에 보리 씨앗을 뿌려야 합니다. 보리가 없으면 겨우내 배고픔에 시달릴 겁니다."

황 노인이 고개를 설레설레 흔들었다.

"우리도 잘 알고 있습니다. 하지만 올해는 가뭄이 극심해 논 전체가 황무지처럼 변해 버렸어요. 보리를 파종한다 해도 싹조차 틔우지 못하고 말라 죽을 것입니다."

입을 굳게 다문 채 잠시 뜸을 들이던 소희가 결연한 표정으로 말했다.

"그래서 마을에서 십 리쯤 떨어진 개울에서 물을 끌어오려고 합니다. 보리 농사를 지으려면 그 방법밖엔 없으니까요."

부곡민들 사이에서 불만이 터져 나왔다.

"말이 되는 소리를 하시오!"

"십 리나 떨어진 개울에서 어떻게 물을 끌어옵니까?"

"누굴 바보로 아는 거요?"

마을 사람들의 분노가 가라앉길 차분히 기다리다가 소희는 말했다.

"그럼 그냥 앉아서 굶어죽기를 기다릴 건가요?"

"……."

이번에는 누구도 선뜻 대답하지 못했다. 소희가 맨 앞줄에 깜찍하게 생긴 계집아이를 안아 무릎에 앉힌 채 앞에 선 우락부락하게 생긴 남자에게 물었다.

"딸아이의 이름이 무엇인가요?"

"여, 연화라고 합니다."

"그럼 연화 아빠의 이름은?"

"박두치입니다."

"연화는 참 예쁘게 생긴 아이예요. 그러나 배고픔에 지쳐 눈에 생기가 없군요. 당신은 이렇게 소중한 딸아이가 겨우내 굶주림에 시달리다가 안타깝게 목숨을 잃는 모습을 지켜보기만 할 건가요, 아니면 손톱이 다 빠질 때까지 땅을 파헤쳐서라도 보리를 심을 텐가요?"

온몸을 부들부들 떨고 있던 박두치가 주먹을 번쩍 쳐들며 소리쳤다.

"나는 마마를 도와 물길을 내겠소!"

그것을 신호로 마을사람들이 앞 다퉈 팔을 쳐들며 외쳤다.

"나도 돕겠소!"

"나도 하겠소!"

"앉아서 죽느니 무슨 짓이든 해 봅시다!"

빙그레 미소 짓고 있던 소희는 부곡민들에게 이것이 상왕이 자신에게 내린 세 번의 시험 중 첫 번째 시험에 해당한다는 사실을 솔직하게 고백했다. 크게 놀라는 부곡민들을 둘러보며 소희는 진심 어린 목소리로 말했다.

"여러분과 제가 힘을 합쳐 세 번의 시험을 모두 통과한다면 저는 어머니와 함께 궁으로 돌아갈 수 있을 거예요. 그리고 여러분은 서러운 천민 신분에서 벗어나 조선의 양민이 되겠지요. 하지만 이것이 여러분이 받을 상의 전부는 아닙니다. 중전인 제가 여러분의 은혜를 잊지 않을 테니까요. 제가 궁으로 돌아가게 되면 여러분의 아이들이 조금이라도 나은 삶을 살 수 있도록 최선을 다할 생각입니다."

부곡민들이 웅성거리기 시작했다. 양민으로 격상되는 것은 물론 이

나라의 국모까지 친구로 둘 수 있다면 대단한 보상이 아닐 수 없었다.

박두치가 제일 먼저 주먹을 번쩍 쳐들며 소리쳤다.

"모두 괭이를 들고 개울로 갑시다!"

그것을 신호로 부곡민들이 일제히 함성을 지르며 개울로 향하기 시작했다.

"개울로 가자!"

"보리를 심자!"

"지긋지긋한 배고픔에서 탈출하자!"

손과 손에 괭이를 들고 씩씩하게 걸어가는 마을 사람들을 소희는 흐뭇하게 바라보고 있었다. 이지가 소희 옆으로 다가왔다. 이지는 아직도 화가 풀리지 않은 얼굴이었다.

"아직도 화가 나 있는 거야?"

"……."

"내가 전하를 믿는 게 그렇게 속상해?"

이지가 뿌루퉁하게 대답했다.

"끝까지 믿다가 바보가 되는 게 싫을 뿐이에요."

"그래, 어쩌면 네 말이 맞을지도 몰라."

소희가 순순히 고개를 끄덕였다.

"하지만 나는, 진심으로 믿었다면 끝내 배신당해도 상관없다고 생각하고 있어."

"그게 무슨……?"

"만약 사랑하는 사람이 나의 믿음을 배신했다면 그도 무언가 그럴 수밖에 없는 이유가 있었을 거야. 진짜 사랑한다면 그 이유마저 이해하고 받아들여야 하지 않을까?"

"하아."

이지는 소희의 고집스런 얼굴을 들여다보며 한숨을 내쉬었다. 지금은 그렇게 말할 수 있겠지만 두 번, 세 번 연달아 믿음이 깨져도 계속 이해하고 받아들일 수 있을까? 이지는 소희에게 묻고 싶었지만 꾹 눌러 참기로 했다. 그리고 이도의 배신이 계속되었을 때, 소희가 과연 믿음을 끝까지 지켜나가는지 똑똑히 지켜봐 주리라 결심했다.

개울에서부터 마을까지 물이 흐를 도랑을 파는 작업은 쉽지 않았다. 오랜 가뭄에 시달린 땅은 단단하게 굳어 있었다. 그나마 조금만 파고 들어가도 큼직한 바위가 나왔다. 온 마을 사람들이 땀을 뻘뻘 흘리며 매달렸지만 도랑의 길이는 좀처럼 늘어나지 않았다.

"힘을 내세요!"

"조금만 더 기운을 내 주세요!"

마음이 급한 소희와 이지가 부곡민들 사이를 뛰어다니며 독려했다. 안씨 부인은 마지막 남은 옷가지를 팔아서 구한 쌀로 죽을 쑤어 마을 사람들에게 먹였다. 이지와 소희는 밤중에도 횃불을 켜 놓고 공사를 계속하기로 했다. 부곡민들도 열심히 따라와 주었지만 무리한 공사는 결국 사고를 일으키고야 말았다.

"사람 살려! 여기 사람이 깔렸다!"

횃불을 들고 부곡민들을 독려하다가 이지와 소희는 갑작스런 비명 소리에 깜짝 놀랐다. 소리가 들리는 쪽으로 달려간 두 사람의 표정이 일그러졌다.

"맙소사……!"

"이 일을 어쩌면 좋아……!"

도랑 바닥의 커다란 바위에 웬 청년이 깔려 있었던 것이다. 바위를 밖으로 끌어내리다가 오히려 깔려 버린 모양이었다. 소희가 옆에 서 있는 황 노인과 박두치를 향해 다급히 물었다.

"어떡하면 좋죠?"

"바위를 들어 올린 후, 깔린 다리를 빼내야죠."

박두치가 팔을 걷어붙이며 도랑 안으로 뛰어들었다. 이지와 소희 그리고 장정 열 명이 바위에 들러붙었다.

"어영차~"

"어영차~"

구령을 붙여가며 바위를 들어 올리려 해 봤지만 꿈쩍도 하지 않았다. 그 사이에도 청년은 고래고래 비명을 질러댔다. 소희의 눈에 눈물이 그득 고였다.

"이러다 정말 사람을 잡고야 말겠어요."

"으음…… 무언가 좋은 방법이 떠오를 것도 같은데……."

골똘히 생각에 잠겨 있던 이지가 손가락을 튕기며 외쳤다.

"좋은 방법이 떠올랐어요!"

소희가 반색하며 돌아보았다.

"어떤 방법?"

"지렛대의 원리를 이용하는 거예요."

"지렛대라고……?"

어리둥절한 표정을 짓는 소희를 향해 이지가 땅바닥에 그림까지 그려가며 설명했다.

"저 바위 밑에 기다란 나무를 끼우는 거예요. 그리고 나무 밑에는 받침대로 삼을 큼직한 돌을 끼워 넣는 거죠. 그런 다음 힘센 사람들이 동시에 나무의 끝을 찍어 누르면 몇 배 힘이 가해져 바위가 들어 올려진다는 말씀."

"그거 기발한 방법이구나! 당장 해 보자!"

박두치와 몇몇 남자들이 기다란 나무를 구해 왔다. 그리고 그것을 바위 밑에 끼우고 큼직한 돌을 받침대로 괴었다. 마지막으로 박두치와 소희, 이지 그리고 장정 대여섯이 나무 끝에 들러붙었다.

"하나……… 두울…… 셋!"

"끙차~!"

이지의 구령에 맞춰 박두치와 남자들이 일제히 지렛대 끝을 누르기 시작했다.

"끄으으……!"

"으아아……!"

이지와 소희가 이를 악물고 힘을 썼지만 바위는 움직이지 않았다. 소희가 힘을 풀며 고개를 흔들었다.

"아무래도 안 되겠어."

이지가 버럭 고함을 질렀다.

"조금만 더 하면 돼요! 포기하지 마요!"

"아, 알았어!"

이지와 다른 사람들이 다시 힘을 모았다. 순간 거짓말처럼 바위가 번쩍 들어올려졌다. 바위에 깔렸던 청년이 무사히 빠져나오자 둥글게 모여 서서 지켜보던 부곡민들 사이에서 기쁨의 함성이 터져 나왔다.

"와아아!"

"우리가 해냈어!"

이 작은 사건은 지친 마을 사람들에게 희망을 안겨주었다. 진한 동료애와 우리도 할 수 있다는 자신감이 사람들 사이에 흘렀다. 덕분에 도랑 작업은 속도를 높이게 되었다. 그리고 마침내 팔 일째 아침, 마을 앞까지 도랑을 연결할 수 있었다.

서로를 얼싸안고 덩실덩실 춤을 추는 부곡민들을 바라보며 이지와 소희는 흐뭇하게 미소 짓고 있었다. 두 사람의 얼굴도 마을 사람들처럼 흙투성이였다. 서로의 얼굴을 가리키며 이지와 소희는 거의 동시에 웃음을 터뜨렸다.

소희가 이지의 손을 다정하게 잡으며 말했다.

"고마워, 이지. 네 덕분에 여기까지 올 수 있었어."

"나는 별로 한 일도 없는 걸요, 뭐. 마마야말로 참 잘 해내셨어요."

이지와 소희가 신뢰 가득한 미소를 주고받았다. 박두치의 다급한 목소리가 들려온 것은 바로 그때였다.

"큰일입니다! 큰일이 났어요!"

이지와 소희가 자신들을 향해 팔을 흔들며 달려오는 박두치를 돌아보았다. 소희가 숨을 헐떡이는 박두치에게 물었다.

"무슨 일인데 그러세요?"

"빠, 빨리 개울로 가 보셔야겠습니다."

"개울에는 왜요?"

"무, 물이 도랑으로 흘러 들어가지를 않습니다."

"예에⋯⋯?!"

눈을 부릅뜨는 소희의 옆얼굴을 이지가 걱정스럽게 보았다.

"이럴 수가⋯⋯ 바보처럼 이런 실수를 하다니⋯⋯?!"

개울가에 도착한 소희의 표정이 굳어졌다. 이지도 미간을 찌푸렸다. 막상 개울과 연결시켜 놓고 보니 도랑의 깊이가 개울보다 살짝 높았던 것이다. 이렇게 되면 도랑을 통해 물을 논까지 흘려보내는 것 자체가 불가능해진다. 소희가 박두치를 향해 급히 말했다.

"지금이라도 도랑을 더 깊게 파야겠어요."

박두치가 고개를 흔들었다.

"그러기엔 시간이 너무 없습니다."

이번엔 이지가 말했다.

"그럼 물통으로 물을 퍼 올리면 되잖아요."

"물론 그럴 수는 있지. 하지만 그런 식으로 논까지 물을 대려면 최소 사나흘은 걸릴 거다. 그렇게 되면……."

마마께선 첫 번째 시험에서 탈락하시게 됩니다. 박두치는 뒷말을 차마 잇지 못했다. 이를 악문 채 가늘게 떠는 소희를 이지와 안씨 부인이 안타깝게 바라보았다. 골똘히 생각에 잠겨 있던 소희가 갑자기 빙긋 웃었다.

"사흘이 걸리든, 나흘이 걸리든 도랑을 다시 파도록 해요."

"예에? 그게 무슨 말씀입니까?"

황당한 표정을 짓는 박두치와 이지를 향해 소희가 미소를 머금은 채 말했다.

"논에 물을 대려 한 것은 물론 제 자신을 위해서였어요. 그러나 한편으론 여러분이 지긋지긋한 굶주림에서 벗어났으면 하는 소망도 있었답니다. 그러니 끝까지 도랑을 파야죠. 제가 실패했다고 여러분까지 실패해선 안 되니까요."

"……."

모두 할 말을 잃고 인지한 미소를 머금은 소희의 얼굴을 바라보았다. 이지는 문득 이도의 얄미운 얼굴이 떠올랐다. 이도, 이 나쁜 인간! 이렇게 착한 중전 마마를 모른 척 외면하다니! 어떻게든 소희를 돕고 싶어 고민을 거듭하던 이지의 뇌리에 한 가지 생각이 번갯불처럼 번쩍 떠올랐다.

"이틀 안에 논에 물을 댈 방법이 있을 것 같아요."

나직이 중얼거리는 이지의 얼굴을 소희가 미덥지 않은 듯 보았다.

"정말이야? 그게 대체 뭔데?"

이지가 검지를 눈앞으로 세우며 자신 있게 웃었다.

"수차를 만드는 거예요."

박두치와 황 노인을 비롯한 마을 사람들이 웅성거렸다.

"수차?"

"물을 움직이는 마차란 뜻인가?"

"에이~ 세상에 그런 게 어디 있어?"

이때 이지의 얼굴을 뚫어져라 응시하던 소희가 나직이 말했다.

"아니요. 그런 게 분명히 있었어요."

"수차라는 물건이 정말 존재한다는 말씀입니까?"

믿을 수 없다는 표정으로 묻는 어머니 안씨 부인을 향해 소희가 고개를 끄덕였다.

"언젠가 우연히 「고려사」를 읽다가 수차에 관한 기록을 본 적이 있어요. 그 책에 분명 공민왕 11년에 수차를 이용해 가뭄을 이겨냈다는 기록이 있더라고요."

"그럼 수차를 만들 수도 있다는 말입니까?"

"책에 적혀 있는 설계도를 본 기억이 어렴풋이 나요. 하지만 완벽하게 만들 수 있을지 어떨지는 모르겠군요."

이지가 팔을 번쩍 쳐들며 소리쳤다.

"고민할 시간에 무조건 만들어 보자고요!"

호장 황 노인이 기침을 뱉으며 거들었다.

"콜록. 대충의 그림을 그려준다면 우리가 나무를 구해 와 비슷하게나마 만들어 보도록 하겠습니다."

"아, 알겠어요."

소희가 나뭇가지를 들고 땅바닥에 그림을 슥슥 그리기 시작했다. 가끔 망설이기도 했지만 소희는 조금씩 수차의 모습을 완성해갔다.

"오오……, 이것이 바로 수차란 물건이군요?"

"정말 신기하게 생겼습니다."

땅바닥에 그려진 수차를 내려다보며 황 노인과 박두치가 감탄했다.

"제대로 그렸는지는 잘 모르겠어요."

소희가 여전히 자신 없는 눈빛으로 이지를 보았다. 이지가 소희를 위로했다.

"저도 실은 수차의 정확한 모양은 몰라요. 하지만 이 그림을 보니 얼추 비슷한 것 같긴 해요."

박두치가 남자들과 함께 톱을 들고 마을 근처의 야산으로 향했다.

"일단 나무부터 해 옵시다!"

그때부터 본격적인 수차 만들기가 시작되었다. 야산으로 향했던 남자들이 정오 무렵, 나무를 잔뜩 베어 돌아왔다. 능숙한 목공들이 소희가 그려준 그림대로 나무를 자르고 다듬어 재료를 만들었다. 밤 늦게까지 망치질 소리와 톱질하는 소리가 울려 퍼졌다. 그리고 드디어 새벽이 뿌옇게 밝아올 무렵, 수차는 완성되었다.

"자, 어떻습니까? 이게 수차라는 물건이 맞습니까?"

도랑 입구에 설치된 수차를 가리키며 황 노인이 긴장된 표정으로 물었다. 밤새 한숨도 자지 못해 창백해진 얼굴의 이지와 소희가 나란히 서서 수차를 바라보았다. 이지와 소희가 서로의 얼굴을 마주보며 천천히 고개를 끄덕였다.

"비슷하게 만들어진 것 같아요."

그 말이 끝나기 무섭게 박두치가 몇몇 남자들과 힘을 합쳐 수차의 바퀴를 돌리기 시작했다. 물레바퀴가 개울물에 담가지며 그 홈 안에 물이 고였다가 위쪽의 도랑 안으로 물이 흘러 들어가기 시작했다. 도랑 안에 물이 고이는 것을 확인한 이지와 소희가 손을 맞잡고 껑충껑충 뛰었다.

"꺄악~ 물이 끌어올려진다!"

"수차가 제대로 완성되었어!"

기쁨은 그러나 오래가지 못했다. 그새 얼굴이 땀범벅으로 변한 박두치가 바퀴 돌리기를 멈추고 이렇게 말했던 것이다.

"헉헉…… 이렇게 느려 터져서는 물을 제대로 끌어올릴 수가 없습니다. 물레바퀴의 속도를 높일 방법을 찾아야만 합니다."

"물레바퀴의 속도를 높여야 한다고요?"

박두치의 말대로 커다란 물레바퀴를 돌리는 데는 너무 많은 힘과 시간이 들었다. 이래서는 물통으로 퍼 올리는 것과 별반 차이가 없을 것 같았다. 이지와 소희는 다시 고민에 빠졌다.

"대체 어디서 무엇이 잘못되었을까……?"

고민을 거듭했지만 해결책은 쉽게 찾아지지 않았다. 이때 이지에게 또 한 가지 영상이 번뜩 떠올랐다. 언젠가 박물관에서 보았던 수차의 모습이 바로 그것이다. 그 수차 위에는 분명 조선시대의 농민이 올라가 발로 물레바퀴를 돌리고 있었던 것이다. 이지가 수차를 가리키며 소리쳤다.

"손이 아니라 발로 돌리는 거예요! 그럼 더 많은 힘을 받아서 물을 빨리 퍼 올릴 수 있어요!"

"발로 물레바퀴를 돌린다고?"

"그거 괜찮은 생각 같은데?"

박두치가 냉큼 물레바퀴 위로 올라섰다. 그리고 발로 바퀴를 돌리기 시작했다. 이지와 소희를 비롯한 전 부곡민들이 숨을 죽인 채 힘차게 돌아가는 물레바퀴를 주시했다.

콸콸콸

잠시 후, 세찬 물소리와 함께 도랑으로 엄청난 양의 물이 쏟아지기 시작했다. 도랑을 가득 채운 물이 마을을 향해 흘러가는 것을 보며 이지와 소희는 얼싸안고 감격의 눈물을 쏟았다.

"우리가 해냈어요!"

"이지 네 덕분이야!"

 결국 열흘째 아침 해가 떠오를 무렵, 소선부곡 사람들은 논에 물을 넉넉히 대고 보리 씨앗을 뿌릴 수 있었다. 노란 씨앗들이 햇빛의 가루처럼 뿌려지는 모습을 보고 있는 것만으로 가슴이 벅차올랐다.

 이지는 논두렁에 서서 부곡민들 틈에 섞여 씨앗을 뿌리며 행복하게 웃는 소희를 지켜보고 있었다.

　어렵게 첫 번째 시험을 통과한 것이다. 이제 두 번의 시험만 더 통과하면 소희는 어머니와 함께 궁으로 돌아갈 수 있을 것이다. 태종의 사나운 얼굴을 떠올린 이지는 어쩌면 그것이 생각보다 힘든 과정이 될지도 모른다고 생각했다.
　"맞아, 상왕은 그렇게 호락호락한 인물이 아니지."
　이지는 저도 모르게 중얼거렸다. 동시에 귀에 익은 목소리가 들려왔다.

"나를 그리 높이 평가해 주다니 고맙구나."

이지가 눈을 부릅뜨며 휙 돌아섰다. 뒷짐을 지고 서 있는 태종을 발견한 이지는 심장이라도 토할 듯 입을 쩍 벌리고 말았다.

"사, 사, 상왕 전하."

"쉬잇!"

태종이 손가락을 입술에 대며 조용히 하라고 명령했다. 보통 양반처럼 대갓을 쓰고 도포를 입은 태종의 뒤에는 비슷한 차림에 천으로 둘둘 만 장검을 든 별감 다섯이 시립해 있었다. 딱딱하게 굳어 있는 이지에게 바싹 다가서며 태종이 나직이 속삭였다.

"첫 번째 시험은 어찌어찌 통과한 모양이군?"

"예…… 예……."

태종의 눈이 순간적으로 번뜩였다.

"물론 이지 너의 도움이 컸겠지?"

"그, 그런 게 아니오라 중전 마마께서 워낙 총명하셔서……."

중전을 칭찬하자 태종의 눈빛이 조금 더 매서워졌다. 다리를 후들후들 떠는 이지를 잡아먹을 듯 노려보던 태종이 으스스하게 중얼거렸다.

"그럼 이제 두 번째 시험을 내주겠다. 소선부곡은 읍성조차 없이 허허벌판에 세워진 관계로 여름이면 도적이 들끓고 겨울이면 삭풍이 몰아쳐 도저히 살 만한 곳이 못 된다."

"맞는 말씀입니다."

간신히 고개를 끄덕이는 이지를 향해 태종이 히쭉 웃었다.

"중전에게 가서 전해라. 다시 열흘을 줄 테니, 부곡민들과 힘을 합쳐 마을을 보호할 읍성을 쌓으라고 말이다."

이지가 눈을 동그랗게 떴다.

"열흘 만에 마을을 둘러싸는 성을 쌓으라고요? 그건 도저히 불가능한 일이에요."

"불가능하다고? 그렇다면 중전이 영영 국모의 자리로 돌아올 일은 없겠구나."

"세상에 그런 법이……?!"

발끈하여 항의하려던 이지는 태종의 호랑이 같은 눈동자를 마주하곤 움찔했다. 태종은 이지처럼 연약한(?) 소녀가 상대할 수 있는 할아버지가 아닌 것이다. 이지는 결국 고개를 숙이며 이렇게 대답할 수밖에 없었다.

"아, 알겠습니다. 중전 마마께 그대로 전하겠나이다."

한동안 고개를 숙이고 있던 이지는 아무 소리도 들리지 않자 천천히 얼굴을 들었다. 태종과 별감들은 어느새 들판 저 멀리로 멀어지고 있었다. 태종이 충분히 멀어진 것을 확인한 이지가 허공을 향해 주먹질을 했다.

"이런 제멋대로 할아범 같으니! 열흘 안에 성을 쌓으라니! 우리가 무슨 슈퍼우먼들인 줄 알아?!"

"열흘 안에 읍성을 쌓으라고 하셨단 말이지……?"

그날 저녁, 움막 안에서 이지와 마주앉은 소희가 신음처럼 중얼거렸다. 옆에서 지켜보던 안씨 부인이 기어이 눈물을 쏟았다.

"상왕 전하께서 너무하시는군요. 열흘 안에 마을 전체를 둘러싼 성을 쌓으라는 건 사람의 힘으론 불가능한 일입니다."

안씨 부인과 같은 생각인 이지도 고개를 끄덕였다. 오직 소희만은 포기하지 않았다.

"어머니, 저는 절대 포기하지 않아요. 그것만이 제가 목숨처럼 사모하는 주상 전하 곁으로 돌아갈 수 있는 방법이니까요. 하늘님이 저의 간절한 마음을 알아주실 겁니다."

이지는 희미하게 고개를 저었다. 말은 저렇게 하고 있지만 이번만은 소희도 어쩔 수 없을 것이다. 이지는 이도에게 돌아가고야 말겠다는 소희의 소망이 안타까웠다. 그리고 그녀의 믿음이 깊을수록 이도에 대한 원망이 커졌다. 당신의 사랑이 이 허허벌판에서 무시무시한 상왕과 외로운 싸움을 벌이고 있다고요. 당신도 남자라면 이젠 행동에 나서야 하지 않을까요? 그러나 이대로 가만히 있으면 이도가 아무런 도움도 주지 않으리란 걸 이지는 정확히 알고 있었다.

이지가 결국 박차고 일어섰다.

"곧 해가 질 텐데 어딜 가려고?"

소희가 부르는 소리를 무시하고 이지는 서둘러 마을 입구로 향했다. 그곳에 궁궐에서 타고 온 말이 묶여 있는 것이다.

통부를 보이고 도성의 성문을 통과한 이지는 말을 몰고 경복궁으로 향했다. 그리고 가을 해가 차가운 서쪽 하늘로 뉘엿뉘엿 넘어갈 무렵, 홍례문을 통과하고 영제교를 건너 국왕의 집무실인 사정전에 다다랐다. 그러나 이도는 이미 일과를 마치고 침전인 강녕전으로 향한 후였다.

"헉헉……!"

숨을 헐떡이며 강녕전 섬돌을 밟고 올라가려는 이지의 앞을 대전별감들이 막았다. 날카로운 인상의 별감이 이지를 향해 눈을 부라렸다.

"야심한 시각에 강녕전에는 무슨 용무냐?"

"저는 전하의 지밀나인이거든요. 그러니까 당연히 강녕전에 들어갈 수 있지요."

얼렁뚱땅 통과하려는 이지의 뒷덜미를 별감이 낚아챘다.

"오늘 당직을 설 지밀궁녀들은 이미 강녕전 안으로 모두 들어갔다. 더 이상은 들여보낼 수 없다."

"글쎄, 오늘 꼭 전하를 뵈어야 한다니까요."

"이것이 어디서 생떼를 부려? 당장 끌어내라!"

날카로운 인상의 별감이 명령하자 별감 서넛이 달려들어 이지를 질질 끌고나갔다. 이지는 버둥거리며 고래고래 악을 썼다.

"전하! 전하! 저 이지이옵니다! 전하! 중전 마마의 전갈을 가져왔단 말입니다!"

순간 강녕전의 미닫이문이 스르륵 열리더니 성난 얼굴의 엄 상궁이 나타났다. 엄 상궁이 휘휘 손짓을 하자 별감들이 이지를 풀어 주었다. 이지는 뽀르르 계단을 밟고 올라갔다.

"마마님 덕분에 살았습니다."

"발칙한 것……!"

엄 상궁의 살벌한 눈빛을 마주한 이지는 멈칫했다. 엄 상궁이 이지를 잡아먹을 듯이 말했다.

"한 번만 더 전하의 총애를 믿고 소란을 피웠다간 혼쭐이 날 줄 알아라."

"예에……."

기가 팍 죽어 대답하는 이지를 데리고 엄 상궁이 찬바람을 일으키며 돌아섰다.

"조용히 따라와라."

"예, 마마님."

엄상궁을 따라 강녕전 안으로 들어간 이지는 그만 눈에서 불길이 확 치솟고 말았다. 강녕전 안에선 이도가 여러 대신들을 불러놓고 술판을 벌이고 있었던 것이다. 불콰하게 취한 대신들 사이에서 박은과 안헌오의 모습을 발견한 이지는 기가 막혔다. 이도가 취한 눈으로 이지를 보며 반가운 척을 했다.

"어라, 너는 이지가 아니냐? 오랜만이로구나. 소선부곡에 있어야 할 네가 어쩐 일이냐?"

"……."

이지가 이를 악문 채 아무 말도 하지 않자 엄 상궁이 옆구리를 쿡 찔렀다.

"전하께서 묻고 계시질 않느냐?"

이지가 마지못해 입을 열었다.

"지금 중전 마마께서 큰 위기에 빠지셨습니다. 상왕께서 단 열흘 만에 소선부곡을 에워싼 읍성을 쌓으라는 명령을 내리셨기 때문이죠. 아무런 기술도 없이 굶주림에 지친 부곡민들을 데리고 열흘 안에 성을 쌓는다는 건 도저히 불가능한 일입니다."

"으음……."

그제야 이도의 표정도 심각해졌다. 신 나게 술을 마시던 대신들도 입을 굳게 다문 채 왕의 눈치를 살피기 시작했다. 한참만에야 이도가 말했다.

"그래서 나보고 뭘 어쩌란 말이냐?"

"몰라서 물으세요? 중전 마마를 구하기 위해 상왕 전하의 바짓단이라도 붙잡고 애원하시란 말입니다."

"말도 안 되는 소리! 그랬다간 아바마마께서 중전보다는 나를 먼저 쫓아내겠다고 하실걸."

이도가 과장되게 손사래를 치자, 대신들이 왁자하게 웃음을 터뜨렸다. 대신들을 따라 정신없이 웃는 이도를 지켜보며 이지는 머릿속이 휑해지는 기분이었다. 술상을 향해 뚜벅뚜벅 걸어간 이지는 그것을 발칵 뒤집어 버리고 말았다.

와장창!

술상이 뒤집히며 술병과 안주 그릇이 사방으로 튀었다. 날벼락을 맞은 대신들이 이지를 가리키며 악을 썼다.

"저, 저런 고얀 년을 봤나?"

"별감들은 저 발칙한 것을 추포하지 않고 뭘 하는 게냐!"

엄 상궁과 지밀궁녀들이 먼저 달려들어 이지를 붙잡았다.

"네 년이 기어이 사고를 치는구나. 넌 이제 죽은 목숨이다."

자신의 팔을 단단히 끌어안으며 쏘아붙이는 엄 상궁의 말을 귓등으로 흘리며 이지는 계속 이도만 쏘아보았다. 눈물이 그득 고여 이도의 얼굴이 찰흙 반죽처럼 일그러져 보였다. 이지는 지금 자신의 눈에 비치는 것처럼 이도의 마음이 원래부터 일그러져 있었다고 생각했다. 마치 주노처럼. 저런 남자들은 오직 자신밖에는 생각할 줄 몰라서 자기를 좋아하는 여자에게 반드시 상처를 입히는 것이다. 목 밑까지 차오르는 배신감에 치를 떨며 이지가 소리를 질렀다.

"이도, 당신은 남자도 뭣도 아니야!"

최후의 고비

엄 상궁과 궁녀들에 의해 유명한 의금부 감옥으로 끌려갈 줄 알았던 이지는 강녕전 뜰을 벗어나자마자 뜻밖에도 풀려났다. 어리둥절해 하는 이지를 향해 엄 상궁이 쏘아붙였다.

"감히 주상 전하의 이름을 함부로 부르다니, 그것만으로도 참형을 면하기 힘들 것이다."

"그런데 왜 풀어 주시나요?"

"주상 전하의 명이시다. 대체 왜 너 같은 아이를 감싸시는지 알다가도 모르겠구나."

'흥, 그래도 최소한의 양심은 있는 모양이군.'

엄 상궁의 말이 끝나기 무섭게 이지는 홱 돌아서서 달음박질했다. 한시라도 빨리 소희에게 돌아가야 하는 것이다.

이지는 소선부곡을 향해 바람처럼 말을 달렸다. 차가운 밤바람이 얼굴을 할퀴고 지나갔다. 그래서인지 이지의 눈에는 눈물이 그렁하게 맺혔다.

이지는 입술을 질끈 깨물며 중얼거렸다.

"울지 않아! 하주노나 이도처럼 이기적인 남자들 때문에 절대로 울지 않을 거야!"

아침이 뿌옇게 밝아올 무렵 이지는 소선부곡에 도착했다. 마을에선 이미 성을 쌓는 공사가 진행 중이었다.

"저 돌들을 동쪽으로 옮겨 주세요! 서쪽에는 목책을 쌓아 주세요!"

소희는 땀을 뻘뻘 흘리며 박두치 등에게 지시를 내리고 있었다. 남자들은 무거운 돌을 쌓고, 여자들과 아이들은 진흙을 개어와 돌과 돌 사이를 메웠다. 성을 쌓는 부역에 동원된 경험이 있는 노인 몇이 성벽이 허물어지지 않도록 돌의 기울기를 재고 있는 것도 보였다. 이지가 시무룩한 표정으로 소희에게 다가갔다. 이지를 발견한 소희의 표정이 환해졌다.

"이지야, 대체 어딜 다녀왔니? 한참동안 찾았잖아."

"……."

이지는 선뜻 대답하지 못했다. 그제야 무언가 심상치 않은 낌새를 챈 소희가 고개를 갸웃했다.

"무슨 일인지 솔직히 털어놓아 봐."

"그게 실은……."

이지가 쭈뼛거리며 솔직하게 털어놓기 시작했다.

"지난밤 궐로 달려가 전하를 만나고 왔어요."

"이지 네가 전하를……?!"

소스라치게 놀라는 소희의 눈치를 살피며 이지는 말을 이었다.

"솔직히 열흘 만에 성을 쌓는다는 건 불가능에 가깝잖아요. 그래서 전하께 도움을 청해야겠다고 생각했어요."

입을 다물고 생각에 잠겨 있던 소희가 나직이 물었다.

"그래서…… 전하께선 어떻게 하고 계시더냐?"

이지의 얼굴이 일그러졌다.

"혹시 마마를 걱정하며 눈물로 밤을 지새우리라 기대하신 건가요? 놀랍게도 전하는 박은과 안헌오 같은 신하들을 불러다 술판을 벌이고 계셨어요."

"……!"

순간 이지는 똑똑히 보았다. 애써 태연을 유지하고 있는 소희의 입술이 파르르 떨리는 것을. 소희가 아픔을 감추고 있다고 생각하자 이지는 더욱 화가 치밀었다.

"마마를 도와달라고 부탁하자, 자신에겐 아무런 힘도 없어 상왕께 대들 수 없다고 하더군요. 결국 마마를 위해 아무런 행동도 취하지 않겠다고 발뺌을 하는 것이죠. 그렇게 무책임한 남자는 들어본 적조차 없어요."

"……."

핼쑥해지는 소희의 안색을 살피다가 이지는 아차 싶었다. 자신이 너무 지나쳤던 것이다.

"미, 미안해요. 제가 좀 심하게 말했죠."

소희가 애써 미소를 지었다.

"그렇지 않아. 이지 너는 나를 위해 밤새 말을 달린걸."

"그렇게 생각해 주시면 고맙고요."

"하지만 이지가 전하를 미워하지 않았으면 좋겠어."

"예에?"

"전하께서 내 아버지를 모함한 안헌오 등과 술을 마신 것도, 상왕께 대적할 수 없으므로 나를 도울 수 없다고 하신 것도 다 그럴 만한 이유가 있어서일 거야. 나는 전하께서 나를 위해서 그랬다고 믿고 있어."

"하아~"

이지가 한숨 섞인 음성으로 말했다.

"이제 그만 현실을 받아들여요. 마마께서 알고 있는 이도라는 남자는 완전히 다른 사람이 됐다고요."

"그럴 리가 없어. 세상 모든 사람이 변해도 그만은 변하지 않을 거야."

확신에 차서 말하는 소희를 보며 이지는 답답함을 느꼈다. 이지도 소희의 말을 믿어 주고 싶었다. 그러나 자신의 눈으로 똑똑히 확인한 이도의 모습은 소희의 믿음과는 너무도 동떨어져 있었다. 더 이상 말하기도 귀찮아진 이지가 내뱉듯이 말했다.

"정 그렇다면 마마는 계속 믿으세요. 하지만 나중에 밀물처럼 몰려드는 배신감에 눈물을 흘리지나 마세요."

 성벽을 쌓기 시작한 지도 벌써 엿새째가 흐르고 있었다. 날씨는 한층 쌀쌀해져 들판 저 너머 어딘가에 겨울이 웅크리고 있는 것처럼 느껴졌다. 날이 저물면 삭풍이 불었고, 새벽이면 서리가 하얗게 내려앉았다.
 성벽을 쌓는 작업은 지지부진했다. 급히 돌을 쌓다 보니 수시로 허물어져 내리고, 추위에 굶주림까지 더해져 부곡민들은 빠르게 지쳐 갔다. 이지와 소희는 이곳저곳으로 뛰어다니며 부곡민들을 독려하고 있었다. 하지만 아무리 독려해도 사람이 할 수 있는 일에는 한계가 있는 법이다.
 "으악! 성벽이 무너진다!"
 와그르르!
 누군가 비명을 지르는가 싶더니 곧이어 돌무더기 무너지는 소리가 천둥처럼 울렸다. 이지와 소희가 소리 나는 쪽으로 급히 달려갔다. 사고 현장에 다다른 두 사람은 절망적인 표정을 짓고 말았다. 동쪽 성벽이 완전히 허물어져 있었던 것이다. 돌을 맞고 쓰러진 부상자도 여럿 보였다.
 소희가 멍하니 서 있는 부곡민들을 향해 소리쳤다.
 "보고 있지만 말고 부상당한 사람들을 빨리 옮겨요!"
 이지가 고개를 설레설레 저었다.

"이건 도저히 안 되는 일이에요."

이번에도 소희는 포기하지 않았다.

"하늘은 스스로 돕는 자를 돕는다고 했어. 우리가 포기하지 않으면 하늘도 감복하실 거야."

"기적은 그렇게 쉽게 일어나는 게 아니라고요."

"나는 최후의 순간까지 포기하지 않을 거야."

"후우우."

말이 통하지 않는다고 생각하며 이지는 땅이 꺼져라 한숨을 내쉬었다. 하지만 달리 뾰족한 수가 생길 리도 없는지라, 이지는 소희를 도와 최선을 다했다. 하지만 구일 째가 될 때까지 무너진 성벽을 채 절반도 쌓지 못했다.

"이도, 이 나쁜 녀석! 경복궁에서 호의호식하고 있겠지?"

새삼 이도가 원망스러워진 이지가 경복궁을 향해 주먹을 휘둘렀다.

아침부터 하늘은 회색빛으로 잔뜩 흐렸다. 당장 눈발이 날린다 해도 이상할 게 없는 날씨였다. 이지와 소희는 절반 밖에 보수하지 못한 동쪽 성벽을 멍하니 보고 있었다. 두 사람의 주변에는 황 노인과 박두치를 비롯한 부곡민들이 탈진한 채 서 있었다. 완성하지 못한 성벽을 바라보는 부곡민들의 눈빛 또한 암울했다. 정신없이 서두른다면 성벽을 완성시킬 수 있을지도 모른다. 하지만 성벽은 다시 허물어지고 말 것이다. 이래저래 절망적일 수밖에 없는 상황이었다.

잔뜩 찌푸린 하늘에서 기어이 빗방울이 떨어지기 시작했다. 빗줄

기가 점점 굵어지는 하늘을 올려다보며 황 노인과 박두치가 걱정스럽게 한 마디씩 했다.

"비가 내리고 나면 날이 더 추워지겠군. 콜록."

"성벽 공사를 계속하는 건 무리인 듯합니다."

"그래, 어쩌면 이쯤에서 멈춰야 할지도……."

"애당초 힘든 일이었습니다.

표정을 굳힌 채 두 사람의 대화를 듣고 있던 소희의 눈이 갑자기 커다래졌다. 소희가 이지를 홱 돌아보며 흥분에 들떠 소리쳤다.

"방법을 찾았어! 단 하루 만에 성벽을 완벽하게 쌓아 올릴 방법을!"

"그, 그게 무슨 말씀이세요?"

너무 실망한 나머지 머리가 어떻게 되어 버린 것은 아닌지 걱정되어 이지가 소희를 불안하게 쳐다보았다. 소희가 비 내리는 하늘을 가리키며 말했다.

"방금 호장님이 말했듯이 비가 내린 후엔 틀림없이 날씨가 추워질 거야. 그렇지?"

"그야 당연하죠."

"지금도 이렇게 으슬으슬한데, 더 추워지면 분명 얼음이 얼겠지?"

"그것도 당연한 말씀이세요."

어리둥절한 이지의 눈을 들여다보며 소희가 자신만만하게 말했다.

"그러니까 이제부턴 진흙을 바를 필요도 없이 돌만 대충 쌓으면 되는 거야. 빗물을 머금은 성벽이 꽁꽁 얼어붙어 절대로 무너지지 않을 테니까."

"……!"

그제야 소희의 말뜻을 알아차린 이지가 입을 쩍 벌렸다. 이지가 소희를 향해 간신히 되물었다.

"그, 그러니까 얼음의 성을 만들자는 거군요?"

"봄이 와도 한 번 굳어 버린 성은 무너지지 않을 거야. 어때, 내 생각이?"

이지가 대답 대신 소희를 와락 끌어안았다.

"마마는 천재세요!"

그때부터 모두 달려들어 빠르게 돌을 쌓기 시작했다. 진흙을 바르지 않고 대충 쌓으니 이전보다 서너 배는 빨라졌다. 그래도 성벽은 끄떡도 하지 않았다. 이지가 손바닥으로 돌 표면을 쓰다듬어 보니 이미 살짝 얼어 있었다. 이지가 부곡민들을 향해 외쳤다.

"성벽이 얼어붙고 있어요! 이제 무조건 돌만 쌓으면 성벽은 저절로 완성될 거예요!"

공사는 밤늦게까지 계속되었다. 황 노인이 말한대로 비는 그치고 날씨는 더 추워졌다. 북쪽 지평선 쪽에서 불어온 한풍이 성벽을 쓰다듬고 지날 때마다 수분을 머금은 돌들은 저희들끼리 꽁꽁 얼어붙었다.

"졸지 말고 조금만 더 힘을 냅시다!"

"이제 곧 성을 완성할 수 있습니다!"

다음 날, 아침 해가 눈부시게 떠오를 무렵, 지쳐 주저앉은 부곡민들의 눈앞에 장관이 펼쳐졌다. 자신들이 밤을 새워 완성시킨 성벽이 햇빛을 받아 보석가루처럼 하얗게 반짝이고 있었던 것이다.

이지와 나란히 성벽을 올려다보며 소희가 감격스런 목소리로 중얼거렸다.

"정말 근사한 성이지 않니, 이지야?"

"정말 눈이 부실 정도로 아름다운 성이에요. 고생 많으셨어요, 마마."

소희가 부곡민들을 돌아보며 희미하게 웃었다.

"고생은 저 사람들이 했지. 궁에 돌아간 후에도 저들을 절대 잊지 않을 거야."

"예, 꼭 그래 주세요."

이때 뒤쪽에서 우렁찬 고함소리가 들렸다.

"아직 마지막 시험이 남았으니, 너무 좋아들 마라!"

이지와 소희가 눈을 동그랗게 뜨고 소리가 나는 쪽을 향해 돌아섰다. 도포 차림에 별감들을 거느린 채 서 있는 태종의 모습이 닥쳐들었다. 놀라 입을 쩍 벌리는 이지 옆에서 소희가 재빨리 무릎을 꿇었다.

"못난 며느리가 상왕 전하께 문후 여쭙니다."

태종의 입가에 비웃음이 걸렸다.

"네가 못난 짓을 하고 있음을 알긴 아는구나?"

"전하……."

"길게 얘기할 것 없다. 약속대로 마지막 시험을 낼 테니 잘 들어라. 이 시험을 통과하면 너는 국모의 자리로 돌아올 수 있지만, 통과하지 못하면 영영 주상을 만날 수 없을 것이다."

"……."

이도를 만날 수 없다는 말에 소희의 표정이 창백해졌다. 그러나 그녀는 용기를 잃지 않고 당당하게 말했다.

"말씀해 주십시오, 전하."

"이 마을 근처에 작은 야산이 있다고 들었다."

"망장산이라는 산입니다."

"내가 너에게 내주는 마지막 시험은 열흘 안에 그 산을 동쪽으로 반 리쯤 옮기라는 것이다."

"……!"

소희와 이지가 거의 동시에 눈을 찢어져라 부릅떴다. 이번만은 정말 불가능한 시험인 것이다. 소희의 마음을 알아차린 태종이 쐐기를 박듯이 말했다.

"못 한다는 말은 말거라. 못 하겠다 하면 네가 스스로 국모의 자리를 포기한 것으로 받아들일 것이다."

결국 소희는 입을 다물 수밖에 없었다. 대신 이지가 따지고 나섰다.

"하다하다 이제 산을 옮기라고 하세요? 그걸 정말 사람의 힘으로 할 수 있다고 생각하시는 건 아니겠죠? 어차피 이렇게 쫓아낼 생각이었다면 번거롭게 왜 세 가지 시험을 내느니 어쩌느니 하신 거예요?"

태종이 미간을 확 찌푸리자 별감들이 검을 뽑았다.

"무엄하다!"

태종이 스윽 손을 들어 별감들을 제지했다. 그리고 이지의 얼굴을 똑바로 보며 힘주어 말했다.

"멋대로 궁을 빠져나가 역도인 어미와 지내겠다며 돌아오지 않은 중전은 당장 폐위시켜야 마땅했다. 그런 중전에겐 이 정도의 기회도 큰 은혜가 아니겠느냐?"

태종이 이렇게 나오니 이지도 할 말을 잃었다. 알았으니까 상왕 전하 마음대로 하세요. 어차피 전하는 모든 일을 뜻대로 하시는 분이 잖아요. 싸늘한 눈초리로 이지와 소희 그리고 부곡민들을 둘러본 태종이 뒤로 돌아섰다.

"그럼 열흘 후에 확인하러 오겠다."

멀어지는 태종의 뒷모습을 이지와 소희는 멍하니 지켜보았다. 황 노인과 박두치를 비롯한 부곡민들이 그런 두 사람에게 다가왔다

"이제 우리는 어떻게 되는 겁니까?"

소희가 황 노인 등을 향해 되물었다.

"무엇이 말입니까?"

"콜록, 중전 마마께서 상왕 전하의 시험을 통과하면, 양민으로 신분을 격상시켜 주겠다고 하셨던 약속은 어찌 되는지 여쭙는 겁니다."

"그건……."

소희는 선뜻 대답하지 못하고 이지를 보았다. 이지가 소희를 대신해 솔직하게 말해주었다.

"아마 여러분도 양민이 될 수 없을 거예요. 아시다시피 상왕 전하는 누군가의 사정을 따로 고려해 줄 분이 아니니까요."

"그럼 지금까지 우리의 노력은 뭐가 된단 말이오?!"

박두치가 소희를 향해 분통을 터뜨렸다. 이지가 소희를 두둔하고 나섰다.

"누구보다 속이 상한 분이 바로 마마세요."

하지만 박두치와 부곡민들의 분노는 가라앉지 않았다.

"우린 억울합니다!"

"양민이 될 날만 손꼽아 기다렸어요!"

"대책을 세워 주소서, 마마!"

부곡민들의 기세가 점점 거세지자 이지는 소희의 앞을 가로막았다. 안씨 부인도 재빨리 다가왔다. 하지만 소희는 이지와 안씨 부인을 밀치고 오히려 부곡민들 앞으로 다가갔다.

"여러분, 진정하세요."

"진정하면 뾰족한 수라도 생긴단 말이오?"

소희가 최대한 솔직하게 대답했다.

"상왕께서 내리신 문제를 해결하는 게 최선의 방법입니다."

박두치가 기가 막힌 듯이 말했다.

"정말로 산을 옮기자고요? 그게 가능한 일이라고 보십니까?"

"우리 일단 한 번 해 봐요. 우리가 최선을 다한다면 하늘도 모른 척하진 않을 겁니다."

이번만은 소희의 진심도 통하지 않았다.

"에잇~ 말이 되는 소리를 해야지!"

"우리는 관두겠소!"

"처음부터 우릴 구해 줄 생각도 없었던 거지요?"

황 노인과 박두치를 비롯한 부곡민들이 모조리 움막으로 돌아가 버렸다. 결국 이지와 안씨 부인 그리고 소희 세 사람만 남았다. 그래도 소희는 야산으로 향했고, 이지와 안씨 부인도 어쩔 수 없이 휘적 휘적 따라갔다.

 산은 생각보다 거대했다. 저 산을 동쪽으로 반 리, 즉 이백 미터나 옮긴다는 것은 신화 속의 거인이 아니고선 불가능해 보였다.
 "상왕께선 정말 너무하세요. 산을 대체 어떻게 옮기란 말이죠?"
 기가 막혀 툴툴거리는 이지를 남겨 두고 소희는 산자락으로 향했다. 그리곤 괭이로 흙을 파내 망태기에 담았다. 안씨 부인도 달려들어 딸을 도왔다. 묵묵히 망태기에 담긴 흙을 옮기는 모녀를 보며 이지는 땅이 꺼져라 한숨을 쉬었다.
 "이건 정말이지 말도 안 되는 일이야."
 하지만 이지도 결국은 괭이를 잡을 수밖에 없었다.
 도저히 불가능한 일을 멈추지 않는 사람의 심리는 무엇일까? 구슬땀을 흘리며 벌써 사흘째 쉬지 않고 괭이로 산자락을 파헤치는 소희를 보며 이지는 생각해 보았다. 어쩌면 그 사람이 미련해서가 아니라 무언가를 지키고 싶기 때문일 것이다. 자신을 지탱해 주는 마지막 희망 혹은 믿음 같은 것을 말이다. 아무리 그렇다 해도 이런 식으로 산을 옮길 수는 없었다. 이지는 진심으로 소희가 걱정되기 시작했다. 믿음이 깨졌을 때 그녀는 과연 어떻게 될 것인가?
 "꺄악!"
 망태기로 흙을 나르던 소희가 돌부리에 걸려 쓰러졌다. 이지가 재빨리 달려가 부축했다.

"괜찮아요?"

"으…… 응."

"손바닥이 온통 피투성이잖아요……?!"

깊이 갈라져 피가 줄줄 흐르는 소희의 손바닥을 들여다보며 이지는 경악했다. 지난 사흘간 괭이질을 멈추지 않았으니 어쩌면 당연한 결과였다. 측은한 눈빛으로 소희의 얼굴을 보던 이지가 박차고 일어섰다.

"궐에 다녀와야겠어요."

"궐에는 왜 또?"

"지난 사흘간 우린 쉬지 않고 일했어요. 하지만 저 산의 백분의 일, 아니 천분의 일도 옮기지 못했어요. 이제야말로 전하께서 무언가 해주셔야만 한다고요."

"하지만……."

"그럼 다녀올게요."

"이지야, 잠깐만!"

소희가 돌아서는 이지를 불러 세웠다. 그리고 급히 종이와 붓을 가져와 몇 자를 적었다. 편지를 단정하게 접어 이지에게 내밀며 소희가 수줍은 듯 웃었다.

"만약 전하께서 나를 도우러 오지 못하겠다고 하시면 이걸 보여드리겠니?"

"뭐라고 쓰셨는데요?"

소희가 짓궂게 웃었다.

"당장 달려와 주지 않으면 평생 원망하며 살 거라고 협박을 잔뜩 늘어놓았지, 뭐."

이지가 품속에 편지를 넣으며 고개를 끄덕였다.

"진작 그랬어야죠. 어쨌든 제가 돌아올 때까지 몸조심하고 계세요."

"그래, 잘 다녀오렴."

이지는 다시 바람처럼 말을 몰아 경복궁으로 향했다. 정오 무렵, 이도가 대신들과 집무를 보고 있는 사정전에 도착했다. 하지만 왕을 만날 수는 없었다. 아직 회의가 끝나지 않았다며 들여보내 주지 않았던 것이다. 이지는 엄 상궁 앞에서 발을 동동 굴렀다.

"마마님, 시간이 없다니까요. 당장 전하를 만나야 해요."

"시끄럽다! 의금부 병사들을 불러 끌어내지 않은 것만도 다행인 줄 알거라."

바위처럼 꿈쩍도 않는 엄 상궁 앞에서 이지는 무작정 기다리는 수밖에 없었다. 그날 오후 늦게야 이지는 사정전 밖으로 행차하는 이도와 만날 수 있었다. 이지와 마주선 이도의 표정에는 귀찮은 기색이 역력했다. 이지는 간신히 화를 참으며 소희의 소식을 전했다. 산을 옮기겠다며 사흘째 혼자서 흙을 퍼 나르다가 손바닥이 다 찢어졌다고 말하는 부분에선 저도 모르게 목소리가 가늘게 떨렸다. 이지의 말을 다 듣고 난 후에도 정작 이도는 태연했다.

"그래서 내게 원하는 게 뭐냐?"

이지가 참지 못하고 소리를 질렀다.

"소희를 위해서 제발 무슨 짓이든 해 보라고요! 정말 이대로 당신의 왕비가 쫓겨나는 걸 구경만 할 셈이에요?!"

엄 상궁이 사색이 되어 이지에게 달려들려 했지만 이도가 손을 들어 막았다. 씩씩대는 이지의 얼굴을 가만히 보다가 왕이 겨울바람처럼 냉랭하게 말했다.

"전에도 말했지만 돕고 싶어도 그럴 만한 힘이 없구나. 미안하지만 중전에게 가서 그렇게 전해 다오."

"이이……!"

이를 갈아붙이며 이지는 이도를 노려보았다. 경멸이 가득 담긴 목소리로 그녀가 내뱉듯이 말했다.

"당신 같은 남자를 하늘처럼 믿고 있는 소희가 불쌍할 따름이에요. 어쩌면 당신이 살고 있는 궐을 영영 떠나는 것이 그녀를 위한 최선일지도."

그 말을 끝으로 이지는 모든 미련을 버리고 돌아섰다. 이도는 붙잡지 않았다. 말이 묶여 있는 곳으로 걸음을 옮기던 이지가 문득 멈춰섰다. 그리고 이도를 향해 다시 돌아서서 품속에 넣고 있던 소희의 편지를 던지듯 주었다.

"이게 무엇이냐?"

"마마께서 전하라는 편지예요. 읽든지 말든지."

다시 돌아서는 이지의 뒤쪽에서 이도가 천천히 편지를 펼쳤다. 순

간 냉정하던 그의 얼굴이 조금씩 일그러지기 시작했다. 그리고 잠시 후, 놀랍게도 왕의 눈에서 굵은 눈물이 뚝뚝 떨어지는 것이 아닌가.

"전하, 어찌 그러십니까?"

놀라서 묻는 엄 상궁을 무시한 채 이도가 급히 이지를 불러 세웠다.

"이지야, 기다려라."

"왜요?"

눈을 치켜뜨고 돌아서던 이지는 깜짝 놀랐다. 눈물범벅으로 변한 이도의 얼굴을 발견했기 때문이다.

"대체 무슨……?!"

이도가 편지를 버리고 이지를 향해 비틀거리며 다가왔다. 이도의 손을 떠난 편지가 팔랑거리다가 이지의 발밑으로 떨어졌다. 이도가 떨리는 손을 뻗어 이지의 팔을 움켜잡았다.

"당장 소희에게로 가자. 내가 그녀를 구할 것이다."

"하지만 갑자기 왜……?"

"내금위장! 내금위장! 지금 당장 내금위의 군사를 총동원하라! 중전을 구하러 갈 것이다!"

엄 상궁이 황급히 말렸다.

"병권이 상왕 전하께 있사온데, 함부로 군대를 움직이면 상왕께 대적하는 게 되옵니다."

하지만 이도는 거의 막무가내였다.

"시끄럽다! 내가 내 지어미를 구하겠다는데 감히 누가 막는단 말이냐? 오늘 짐의 앞을 가로막는 자는 누구든 용서치 않을 것이다."

왕의 서슬에 질린 엄 상궁과 내관들이 물러섰다. 사람이 너무 갑자기 변하면 급사를 한다던데. 어리둥절한 표정으로 이도를 보다가 이지가 발밑에 떨어진 편지를 천천히 주워들었다.

전하, 강녕하신지요?

경회루의 하얀 연꽃은 벌써 다 수그러들었겠지요?
연꽃 사이로 비친 달님을 보며 전하와 거닐던
산책길을 소녀는 영원히 잊지 못할 것입니다.
전하와 영원토록 함께하고 싶었으나,
우리의 인연은 여기까지인가 봅니다.
저는 괜찮으니 부디 자책하지 마시길.
연꽃이 필 때마다 멀리서나마 전하의
안녕을 기원하겠나이다.

당신의 소희 올림

당장 구하러 오지 않으면 가만히 있지 않겠다는 협박 따윈 없었다. 소희는 마지막 순간까지 자신 때문에 힘들어 할 이도를 더 걱정하고 있었다. 편지의 내용은 짧았지만 울림은 대단했다. 배신을 배신으로 받아들이지 않고, 사랑과 믿음으로 감싸려 한 소희의 진심이 전해져 이지도 목이 콱 메었다.

　손가락으로 눈가의 물기를 닦아내며 이지는 내금위장에게 호통을 치고 있는 이도를 보았다. 그제야 이지도 알아차릴 수 있었다. 저 남자가 무책임한 척한 것은 순전히 소희를 보호하기 위해서였음을. 이도가 소희를 구하기 위해 동분서주했다면 분명 태종의 분노를 샀을 것이고, 그 분노는 고스란히 소희에게 쏟아졌을 테니까.

　"알았어. 완전 항복이야. 당신들 두 사람에게는 두 손, 두 발 다 들었다고."

　이지가 억지로 웃으며 중얼거렸다. 저쪽에서 말고삐를 잡은 이도가 팔을 흔들고 있었다.

　"이지, 뭘 꾸물거리고 있느냐! 빨리 소희를 구하러 가야지!"

사랑과 믿음

"이지야! 전하!"

이지가 야산으로 돌아왔을 때는 황 노인과 박두치 등 부곡민들이 나와 소희를 돕고 있었다. 이지와 나란히 걸어오는 이도를 발견하고 소희가 눈을 부릅떴다. 이도가 다짜고짜 달려가 소희를 와락 안았다.

"나를 용서하시오! 내가 당신을 구하겠다고 나서면 부왕의 진노가 깊어질까 두려웠소. 그래서 어떤 경우에도 외면하며 부왕의 진노가 가라앉기만을 기다렸다오."

소희가 눈물이 가득 고인 눈으로 이도의 얼굴을 올려다보았다.

"저는 한 번도 당신을 의심하지 않았어요. 정말이에요."

"고맙소…… 정말 고마워……."

서로의 사랑과 믿음을 확인하며 다시 힘껏 껴안는 두 사람을 지켜

보는 이지의 눈에도 물기가 어렸다. 이지의 가슴 밑바닥에서 한 가닥 의문이 피어올랐다. 어쩌면 문제는 주노 선배가 아니라 나에게 있는 것은 아닐까? 주노가 한 번 냉담했다고 그에 대한 믿음 전부를 거둬들여 버린 성급한 자신에게. 이도와 소희라는 닭살 커플을 지켜보며 이지는 결국 사랑이란 믿음이고, 믿음이 있기에 사랑한다는 진리를 가슴 깊이 새겼다.

우투투투투!

이때 갑자기 지축을 울리는 말발굽 소리가 들려왔다.

"상…… 상왕 전하가 나타났다……!"

눈을 부릅뜨고 돌아보는 이지의 눈에 자욱한 흙먼지를 일으키며 말을 몰고 달려오는 상왕 태종과 수백 명의 내금위 병사들이 보였다. 드디어 일이 터졌구나! 하긴 저 고집불통 상왕이 이대로 순순히 양보할 리가 없지. 다리를 후들후들 떨고 있는 이지의 바로 앞에서 태종은 멈춰 섰다. 말에서 훌쩍 뛰어내린 태종이 이지를 지나쳐 곧장 이도와 소희에게로 향했다. 두 사람 앞에 우뚝 선 태종이 못마땅한 듯 신음을 흘렸다.

"으음……."

소희가 재빨리 태종 앞에 무릎을 꿇었다.

"모두가 제 잘못입니다. 제가 전하께 도우러 와 주십사 부탁했습니다. 그러니 전하는 탓하지 마시고, 저만 벌하여 주십시오."

그러자 이도도 소희 옆에 무릎을 꿇었다.

"사실이 아닙니다. 중전은 끝까지 혼자 떠나겠다고 했습니다. 착한 중전을 이대로 보낼 수 없어 소자가 병사들을 이끌고 달려왔던 것입니다."

"아닙니다. 제 잘못입니다."

"제 잘못이 맞습니다."

앞다퉈 벌을 청하는 이도와 소희를 눈을 치켜뜨고 내려다보던 태종이 나직이 내뱉었다.

"둘 다 입을 다무세요."

"……."

이글거리는 눈으로 왕과 왕비를 노려보는 상왕의 입에서 당장이라도 불호령이 떨어질 것만 같았다. 그런데 아니었다. 놀랍게도 잔뜩 찌푸렸던 태종의 미간이 조금씩 풀리는 것이 아닌가. 입가에 어울리지도 않는 미소까지 머금은 채 태종이 아들을 불렀다.

"주상."

"예, 아바마마."

"며느리가 세 번의 시험을 모두 통과했으니 너무 걱정하지 마세요."

"하, 하지만 저 산은 아직 그 자리에 그냥 서 있거늘 어찌……?"

도저히 이해할 수 없다는 듯 야산을 돌아보는 이도를 향해 태종이 인자하게 말했다.

"내금위의 병사가 아니라 조선의 전 병력을 동원한다 해도 저 산을 열흘 안에 옮길 수는 없습니다. 나는 산이 아니라 주상이 움직이는 것을 보고 싶었던 겁니다."

"……?"

"짐이 주상의 외가를 풍비박산 낸 이후에도 모후만은 지켜 준 것은 끝까지 서로에 대한 믿음이 있었기 때문입니다. 그래서 주상의 마음도 확인해 보고 싶었습니다. 어떤 상황에서도 중전을 지켜낼 믿음이 있는지를 말입니다."

"아……!"

이도와 소희 그리고 두 사람을 긴장된 눈으로 지켜보던 이지의 입에서도 거의 동시에 짧은 탄성이 새어나왔다. 태종이 씨익 웃으며 고개를 끄덕였다.

"오늘 나는 주상과 중전의 믿음을 확인했습니다. 그리고 이것이 진정한 세 번째 시험이었습니다."

한동안 멍하니 태종의 얼굴을 올려다보던 이도와 소희가 손을 잡고 일어섰다. 그리고 태종을 향해 머리를 깊숙이 조아렸다.

"아바마마의 은혜에 진심으로 감사드립니다. 앞으로도 서로에 대한 믿음을 지키며 부끄럽지 않은 국왕과 왕비로 살아가겠습니다."

흐뭇하게 고개를 끄덕이며 태종이 우두커니 서 있는 부곡민들을 향해 돌아섰다. 그리고 오른팔을 번쩍 쳐들며 선언했다.

"소선부곡은 소선현이 되고, 주민들은 모두 양민으로 격상될 것이다."

부곡민들이 양 팔을 번쩍 쳐들며 환호했다.

"상왕 전하 만세!"

"주상 전하와 중전 마마 만만세!"

말이 세워진 곳을 향해 걸음을 옮기다가 태종이 이지 앞에서 걸음을 멈추었다. 이지가 태종을 향해 어색하게 웃었다.

"하하…… 제게 무슨 하실 말씀이라도?"

"고얀 것. 너는 나를 위해 일하기로 해 놓고, 주로 중전을 위해 힘을 썼더구나?"

"그, 그게 어떻게 된 일이냐면 말이죠……."

"자, 어떤 벌을 받고 싶으냐? 곤장을 한 백 대쯤 맞겠느냐, 아니면 멀리 외딴 섬으로 귀양을 가겠느냐?"

우물쭈물하던 이지가 결국은 눈물을 글썽이고야 말았다.

"제, 제가 몸이 좀 약해서요. 곤장 백 대나 맞으면 죽을지도 모른다고요. 흑흑."

짐짓 이지를 매섭게 쏘아보던 태종이 고개를 젖히며 웃어젖혔다.

"핫하하! 농담이다, 농담! 주상과 중전을 위해 큰일을 해낸 너에게 상을 내리면 내렸지 어찌 벌을 내리겠느냐? 나중에 후한 상을 내릴 테니 창덕궁으로 찾아오너라."

"후우우~"

태종이 자신을 스쳐가자 긴장이 탁 풀린 이지는 깊은 한숨을 몰아쉬었다. 심술꾸러기 할아버지 같으니. 며느리한테 잘하세요. 사극에서 보니까 말년에 며느리의 극진한 간호를 받다가 세상을 떠나시더군요. 혼자 툴툴거리던 이지가 멈칫했다.

후우웅······.

자신의 몸이 익숙한 백색 광채에 휩싸이는 것을 보았기 때문이다.

"어라, 이제 갈 때가 된 건가? 세종대왕과 소헌왕후의 사랑이 결실을 맺었으니 이제 내 할 일은 끝났다는 거야?"

신기한 듯 양 팔을 벌리고 있는 이지를 향해 이도와 소희가 놀란 표정으로 다가왔다.

"이지야, 네 몸에서 빛이 나고 있어."

"이게 대체 어찌된 영문이냐?"

이지가 싱긋 웃으며 두 사람에게 작별을 고했다.

"언젠가 말했죠? 저는 지금보다 수백 년 후의 미래에서 왔다고 말이에요. 이제 제가 살던 시대로 돌아갈 시간이 되었어요."

이도가 섭섭한 표정을 감추지 못했다.

"이지 너에겐 고마운 일이 너무도 많은데, 이렇게 그냥 보내야 하다니."

소희는 눈물부터 글썽였다.

"이지 네가 곁에 없었다면 난 아마 견딜 수 없었을 거야. 너에게 꼭 보답을 하고 싶었는데······."

온몸을 감싼 빛이 점점 강렬해지는 가운데 이지가 두 사람을 향해 푸근하게 미소를 지어보였다.

"그런 말 하지 마세요. 나는 이미 두 사람에게 너무 많은 것을 받은 걸요."

"우리가 대체 뭘 줬다고 그러니?"

"사랑은 믿음이고, 믿음이 곧 사랑이라는 걸 가르쳐줬잖아요. 덕분에 미래로 돌아가면 나도 조금은 나은 사랑을 할 수 있을지도 모르죠."

 빛이 점점 강해져 이지의 모습이 거의 사라지게 되었다. 빛 속에서 이지의 마지막 목소리가 들려왔다.

 "안녕, 이도와 소희! 사랑이 무엇인지 진정으로 알고 있는 소중한 친구들이여!"

 하얀 섬광처럼 폭발하는가 싶더니, 이지의 모습이 홀연히 사라져 버렸다. 세종대왕과 소헌왕후는 언제까지나 그 자리에 서서 먼 미래를 향해 떠나는 친구를 향해 손을 흔들고 있었다.

 "으아아……. 이, 이게 뭐야?"

 궁녀들을 시켜 숙소를 청소하던 엄 상궁은 이지의 짐 속에 있던 두툼한 양장본 책에서 새하얀 광채가 뿜어지는 것을 발견하고 질겁하여 소리쳤다.

 "누, 누가 저 요물을 갖다 버려라! 어서!"

 엄 상궁이 소리를 질러댔지만 어떤 궁녀도 감히 접근하지 못했다.

 "이런 멍청이들!"

 할 수 없이 엄 상궁이 책을 향해 달려들려는 순간, 방 전체가 환해지는가 싶더니 책은 감쪽같이 사라지고 말았다.

 "으허억!"

비명을 지르며 이지는 침대 위에서 벌떡 몸을 일으켰다. 거친 숨을 헐떡이며 이지는 흐릿한 기억을 더듬으려고 필사적으로 노력하고 있었다. 널찍한 창을 통해 아침 햇살이 환하게 비치는 깨끗한 방이었다. 이지는 주노네 저택에 있는 자신의 방이라고 생각했지만 정면 벽에 떡하니 걸린 전성기 시절 3P의 브로마이드를 보고서야 이곳이 자신의 방이 아님을 알았다.

"여, 여긴 대체 어디지?"

이지가 휘둥그레진 눈으로 방안을 둘러보았다. 방 구석에 걸린 뉴욕 양키즈 점퍼와 그 아래 놓인 베이스기타가 이곳이 남학생의 방이란 사실을 말해주고 있었다. 이지는 불안한 얼굴로 침대에서 내려왔다.

끼이이…….

이지가 천천히 방문을 열고 밖으로 나갔다. 운동장처럼 널찍한 거실은 주노네 못지않았다.

"여보세요…… 누구 없어요……?"

불안한 얼굴로 거실을 둘러보던 이지의 귓가에 누군가의 웃음소리가 들렸다. 그 소리는 거실 끝 주방 안쪽에서 들려오는 것 같았다. 이지가 주방을 향해 살금살금 걸음을 옮겼다.

"이, 이필립! 네가 어떻게 여기에……?!"

주방 한복판에 놓인 기다란 식탁에 마주앉아 있는 필립과 필립보다 서너 살쯤 많아 보이는 두 미녀를 발견한 이지의 눈이 휘둥그레졌다. 필립이 장난스럽게 웃으며 이지를 향해 손을 흔들었다.

"안녕, 이지? 잘 잤니?"

두 미녀가 눈을 가늘게 뜨고 이지의 얼굴을 보았다.

"호오, 저 아가씨가 바로 윤이지?"

"과연 필립의 마음을 사로잡을 만한걸."

이지가 눈을 동그랗게 뜨고 필립과 두 미녀의 얼굴을 번갈아 보았다. 이 미녀들은 대체 누구지? 그리고 필립은 왜 이 미녀들과 한 식탁에 앉아 있지? 그리고 나는 어쩌다 여기에 서 있게 됐지? 필립이 장난스런 미소를 머금은 채 두 미녀를 가리켰다.

"내 누나들을 소개할게. 이쪽은 큰누나인 제니, 저쪽은 작은누나인 애니야."

"그, 그럼 이곳이 바로 필립 너희 집이라는……?!"

"너, 전혀 기억이 나지 않는구나? 어제 저녁에 기자들을 피해 도랑을 건너다가 추락했잖아. 그때 잠시 정신을 잃은 것 같아서 내가 우리 집으로 데려왔어. 주치의가 진찰했는데 큰 이상은 없다고 했으니까 너무 걱정하지는 마."

멍한 표정으로 눈만 껌뻑껌뻑하고 있던 이지가 양 손으로 머리카락을 쥐어뜯으며 비명을 질렀다.

"꺄아악! 그럼 내가 이곳에서 외박을 했다는 거잖아? 대체 왜 우리 집으로 보내 주지 않은 건데?!"

"누가 아침부터 경망스럽게 소리를 지르고 그러냐?"

등 뒤에서 착 가라앉은 목소리가 들리자 이지는 흠칫 돌아섰다. 순간 이지의 눈에 경찰 정복을 차려입은 장년 남자의 모습이 들어왔다. 남자의 날카로운 눈빛이 왠지 태종과 닮았다고 생각하며 이지는 본능적으로 경찰복 어깨 위에 달린 무궁화의 숫자를 헤아리고 있었다.

큼직한 무궁화가 자그마치 하나, 둘, 셋, 넷! 큰 무궁화가 네 개면 계급이 뭐였더라? 서, 설마 경찰청장?! 이지가 입을 쩍 벌리고 있을 때, 필립과 제니, 애니가 마치 군대처럼 자리를 박차고 일어나 부동자세를 취했다. 그리고 첫째 누나인 제니가 구령을 붙이듯 소리쳤다.

"일동 차렷! 아버지께 경롓!"

처처척!

군인처럼 경례하는 세 남매와 역시 경례로 답례하는 필립의 아빠인 듯한 경찰 아저씨를 이지는 황당한 듯 쳐다보았다. 어이~ 이 집은 대체 뭐가 어떻게 돌아가고 있는 거야? 누가 나한테 설명을 좀 해 주면 안 될까요?

필립의 아빠가 식탁의 가운데 자리에 앉자 필립, 제니, 애니도 착석했다. 숟가락을 들고 막 국을 뜨려던 필립의 아빠가 우두커니 서 있는 이지를 힐끗 돌아보았다.

"아가씨도 이리 와서 앉지 그래."

"예? 아, 예."

이지도 얼결에 필립의 옆자리로 가서 앉았다. 그리고 그때부터 식탁에 둘러앉은 다섯 사람의 식사가 시작되었다. 맹세컨대, 이렇게 고요한 식탁은 난생 처음이었다. 당연히 이렇게 얌전한 필립을 본

것도. 이때 필립 아빠가 이지와 필립을 보며 불쑥 물었다.

"이지 양이라고 했나?"

이지가 얌전하게 대답했다.

"예에."

"필립의 말로는 두 사람이 사귀는 사이라고 하던데……?"

"네? 그런 게 아니라…….."

변명하려는 이지의 말 꼬리를 필립이 싹둑 자르며 씩씩하게 외쳤다.

"옙! 아빠만 허락하신다면 결혼을 전제로 사귀고 싶습니다!"

"푸읍!"

순간 이지는 입안에 머금고 있던 밥알을 왈칵 쏟아내고 말았다. 뭐? 난 고작 열네 살이거든? 결혼은 무슨 얼어 죽을 결혼이야!

세종을 성군으로 만든 소헌왕후

우리 역사에서 성군 혹은 대왕이라는 호칭이 붙는 왕은 흔치 않다. 세종은 특이하게 이 두 가지 호칭이 동시에 붙는 가장 존경받는 국왕이다. 세종은 어렸을 때부터 학문을 좋아했고, 인품이 인자하여 왕이 된 후에는 널리 백성들을 이롭게 하는 정책들을 펼쳐 건국 초의 조선을 안정시키는 데 크나큰 역할을 했다. 하지만 세종의 이러한 치세 뒤에는 그의 비인 소헌왕후의 희생과 내조가 있었음을 잊어서는 안 될 것이다.

조선의 제4대 왕 세종의 이름은 '이도'이다. 1418년 6월 3일 조선의 제3대 왕인 태종은 세자 이제를 폐하고, 셋째 아들인 충녕대군 이도를 왕세자로 삼았다. 이 일에 관해 '태종실록'에서는 "행동이 지극히 무도하여 종사를 이어받을 수 없다고 대소신료가 청하였기 때문에 세자를 폐하고, 대신 천성이 인자하고 학문을 좋아하는 충녕대군을 왕세자로 삼는다"고 적고 있다. 그리고 불과 두 달 후 태종은 세자에게 왕위를 물려주고 상왕으로 물러났다. 주상이 장년이 되기 전까지 군사 문제는 직접 결정하고 국가에 결단하기 어려운 일이 있을 때마다 정부와 6조 그리고 상왕이 함께 의논한다는 조건부 양위였지만 놀라운 결단이 아닐 수 없었다.

갑자기 왕위에 오른 세종의 나이 스물두 살이었다. 어린 나이는 아니었지만 갑자기 왕세자로 책봉되는 바람에 준비가 부족했다. 때문에 집권 초기 대부분의 사안을 상왕의 뜻에 따라 결정할 수밖에 없었다. 엄한 아버지의 시험을 받는 갑갑하고 불안한 생활을 세종은 자신을 최대한 낮추고 학문에 힘을 쓰며 견뎌냈다. 그러나 스스로 외척을 척결한 태종은 세종의 비인 소헌왕후의 가문을 주시하기 시작했다.

소헌왕후는 1395년 아버지 청천부원군 심온과 어머니 안씨의 장녀로 태어나 1408년 가례를 올리고 경숙옹주로 봉해졌다. 부부의 연을 맺은 어린 신랑과 신부는 왕실의 법도대로 궁궐 밖 사가에서 살았는데, 10년이 지났을 때 당시 왕세자였던 양녕대군이 폐세자가 되고, 충녕대군이 새로운 왕세자로 책봉됨과 함께 경숙옹주도 자연스레 세자빈이 되었다. 그리고 불과 두 달 만에 세자는 22세의 젊은 나이에 왕이 되었으며 세자빈은 중전의 자리에 올랐다. 하지만 최고의 자리에 올랐다고 무작정 좋아할 일만은 아니었다.

아들에게 왕위를 물려주고 상왕이 된 태종은 여전히 군권 등 막강한 권력을 유지하고 있었다. 세종은 국정의 아주 작은 결정조차 상왕의 눈치를 살펴야 했고, 조금만 마음에 들지 않게 처신해도 상왕으로부터 큰 꾸지람을 들었다.

특히 태종은 외척을 매우 싫어했다. 왕위에 오르기 전에 부왕인 태조와 계모인 신덕왕후 강씨가 조선 건국에 많은 공을 세운 자신을 배제하고, 강씨의 어린 아들이자 자신의 이복동생인 방석을 왕세자로 삼은 것에 대한 배신감과 분노 때문이었다. 결국 태종은 1차 왕자의 난을 일으켜 이복동생인 방석, 방번 형제를 제거해 버렸다. 그리고 왕이 된 후에는 자신의 비인 원경왕후 민씨의 집안을 풍비박산내고 처남인 민무구, 민무질 형제를 사사했다. 태종은 왕권을 물려받은 세종이 권력을 완전히 장악하기 위해서는 며느리인 소헌왕후 심씨의 집안도 제거해야 한다고 결심하기에 이르렀다.

그즈음 소헌왕후의 아버지인 영의정 심온의 동생 심정이 병조참판 강상인, 병조판서 박습 등과 함께 "군령은 한 곳에서 나와야 하는 법인데……." 라며 태종의 군권장악에 대해 불만을 털어 놓았다는 고발이 들어왔다. 기회를 노리고 있던 태종은 이 고발을 근거로 '강상인의 옥사'를 일으켜 강상인, 박습 등을 참수하고, 명나라에 사은사로 간 심온을 그 우두머리로 지목했다. 심온은 돌아오는 즉시 의주에서 체포된 뒤 수원으로 압송되어 사약을 받고 처형되었다. 뿐만 아니라 심온의 아내이자 소헌왕후의 어머니인 안씨와 자식들은 관노비의 신분으로 떨어졌다.

소헌왕후는 친정의 불행을 슬퍼할 겨를도 없이 역적의 딸을 중전의 자리에 둘 수 없다는 신하들의 반발로 인해 폐비될 위기에까지 처해졌다. 당시 세종은 장인 심온과 소헌왕후의 친정 가문을 구하기 위해 발 벗고 나서지 않았고, 평소처럼 차분하게 업무를 보거나 연회에 참석했다고 한다. 무책임하고 냉정하다고 생각할 수도 있지만 세종으로선 그런 식으로 부왕을 자극하지 않은 것만이 왕비를 지키는 유일한 방법임을 알았던 것이다.

세종의 눈물겨운 노력으로 태종은 소헌왕후를 폐위시키는 것만은 허락하지 않았다. 대신 왕비와 사이가 좋은 세종에게 여러 명의 후궁을 들일 것을 강요했다. 세종은 부왕의 노여움을 사지 않기 위해 후궁 또한 들일 수밖에 없었다. 가슴에 큰 한을 품은 소헌왕후였지만 남편인 세종을 원망하지 않고 더욱 내조에 힘을 썼으며, 여러 후궁들과 그 소생들까지 미워하지 않고 자애롭게 대했다고 한다. 더욱 놀라운 것은 자신의 가문을 짓밟은 시아버지 태종이 중병에 걸렸을 때, 정성을 다해 간호했다는 사실이다.

힘든 시련을 겪은 후에도 세종과 소헌왕후는 부부간의 금실이 좋아서 두 명의 공주와 여덟 명의 왕자를 낳았다. 세종은 아내를 매우 존경해서 왕비가 자신을 찾아올 때마다 언제나 일어서서 맞이하고, 중요한 일은 함께 상의해서 결정했다. 어느 날인가는 신하들 앞에서 아내에 대해 이렇게 칭송했다고 한다.

"우리 조정 이래로 가법이 지극히 바로 잡혔고, 내 몸에 미쳐서도 중궁의 내조에 힘입었다. 중궁은 매우 성품이 유순하고 언행이 훌륭하여 투기하는 마음이 없었으므로 태종께서 매양 나뭇가지가 늘어져 아래에까지 미치는 덕이 있다고 칭찬하셨다."

소헌왕후는 중전이라는 최고의 자리에 올랐던 탓에 친정 식구들의 불행을 지켜볼 수밖에 없었지만 남편인 세종을 사랑하고 신뢰했기에 모진 세월을 꿋꿋이 견뎌낼 수 있었다. 그리고 소헌왕후의 이러한 내조는 세종이 안정적으로 국정을 운영하여 최고의 성군으로 칭송받는 밑거름이 되었다.

1446년 소헌왕후가 먼저 세상을 떠나자, 세종은 아내의 명복을 빌기 위해 불교를 억제하고 유교를 숭상하는 조선의 건국이념을 거스르면서까지 아들인 수양대군에게 어머니를 위한 찬불가를 짓게 하였고, 그것을 바탕으로 손수 월인천강지곡을 지었다. 그리고 집현전과 성균관 유생들의 반발을 무릅쓰고 떠나간 아내를 위한 내불당까지 짓도록 했다. 소헌왕후에 대한 세종의 사랑이 얼마나 지극했는지 알 수 있는 대목이다.

왕비가 떠난 후에도 세종은 나라를 부강하게 만들고, 백성들을 보살피기 위해 노력을 아끼지 않았다. 우선 새로운 제도를 만드는 데 기본이 되는 사서들이 부족하다고 생각하여, '고려사'·'고려사절요'를 비롯한 사서들이 더 정확하고 풍요로워지도록 집현전의 학자들을 독려했다. 또한 중국의 사서도 열심히 연구했는데, 대표적인 역사서인 '자치통감'을 구해 읽고 학자들을 동원해 이에 대한 주석서인 '자치통감훈의'를 편찬하기도 했다. 이것은 오히려 중국에서 간행된 것보다 완성도가 높다는 평가를 들었다.

경전과 사서에서 찾아낸 제도를 적용하려면 우리 땅에 대해서도 보다 정확하게 알 필요가 있었다. 세종은 지방관들에게 각 지역의 지도·인문지리·풍습·생태 등에 대한 정보를 요구했고, 이를 모아서 편찬했다. 많은 자료를 간행하려다 보니 인쇄술이 빠른 속도로 발전했고, 세종 치세에는 인쇄 속도가 무려 10배까지 성장했다고 한다.

물론 이렇게 많은 내용을 세종 혼자 연구할 수는 없었다. 집현전의 정인지·성삼문·신숙주 등 당대의 수재들이 세종을 곁에서 도왔고, 윤리·농업·지리·측량·수학·약재 등 다양한 분야의 책을 편찬하고, 관료·조세·재정·형법·군수·교통 등에 대한 제도들을 새롭게 정비했다. 이때 정해진 규칙들은 후일 조선에서 시행된 모든 제도의 기본이 되었다.

세종은 과학기술과 예술에도 많은 관심을 기울였다. 세종 초에 천문학을 전문적으로 연구하는 서운관을 설치했으며, 혼천의·앙부일구·자격루를 만들어 백성들의 생활에 실질적인 도움을 주었다. 박연을 등용해 아악을 정리하고, 맹사성을 통해 향악을 집대성해 조선에 적합한 음악을 만들기도 했다.

세종은 조선시대의 왕 가운데 가장 뛰어난 능력을 지녔고, 가장 많은 업적을 남겼다는 평가를 받는다. 그러나 세종이 위대한 성군일 수 있었던 것은 이러한 능력 때문만은 아니다. 세종은 백성을 진심으로 사랑한 어진 왕이었다. 세종은 백성들에게 자주 은전을 베풀었고, 빈번히 사면령을 내렸으며, 징발된 군사들은 약속한 날짜 전에 돌려보냈다. 노비의 처우를 개선하기 위해 주인이 혹형을 가하지 못하도록 했고, 실수로라도 노비를 죽인 주인은 반드시 처벌했다. 이전에는 겨우 7일에 불과하던 관노비의 출산 휴가를 100일로 늘렸고, 남편에게도 휴가를 주었으며, 출산 1개월 전부터 쉴 수 있도록 배려했다. 왕이 너무 관대하면 백성들이 요행수를 바라게 된다며 신하들이 반대했지만, 세종은 백성들을 위한 정책을 결코 포기하지 않았다.

훈민정음의 창제도 이러한 애민정신에서 비롯되었다고 할 수 있다.

사실 훈민정음 창제에 대해서는 전하는 기록이 거의 없다. 세종의 최대 업적이자 우리 역사에서 중요한 사건임에도 불구하고 언제부터 만들기 시작했는지, 구체적인 창제 동기가 무엇인지, 어떤 과정을 거쳐 만들어졌는지 전해지지 않는다. 심지어 세종의 단독 작품인지, 집현전 학자들과의 공동 작업인지에 대해서도 논쟁이 계속되고 있다. 이는 대신들과 사대부들의 엄청난 반대를 예상한 세종이 비밀리에 창제 작업을 진행했기 때문일 것이다.

다만 "사리를 잘 아는 사람이라 할지라도 율문에 의거하여 판단을 내린 뒤에야 죄의 경중을 알게 되거늘, 하물며 어리석은 백성이야 어찌 자신이 저지른 범죄가 크고 작음을 알아서 스스로 고치겠는가. 비록 백성들로 하여금 율문을 다 알게 할 수는 없을지나, 따로 큰 죄의 조항만이라도 뽑아서 적고, 이를 이두문으로 번역하여 민간에게 반포하여 우부우부들로 하여금 범죄를 피할 줄 알게 하는 것이 어떻겠는가?"라는 세종의 말과 "그런 까닭으로 지혜로운 사람은 아침나절이 되기 전에 이를 이해하고, 어리석은 사람도 열흘 만에 배울 수 있게 된다. 이로써 글을 해석하면 그 뜻을 알 수가 있으며, 이로써 송사를 청단하면 그 실정을 알아낼 수가 있게 된다."라고 훈민정음 서문에 정인지가 쓴 글을 종합해 보면 훈민정음의 창제 목적이 애민정신에서 비롯되었음을 알 수가 있다.

이렇듯 다양한 분야에서 초인적인 연구를 해 나가던 세종은 일찍부터 육체적 한계를 느껴야 했다. 30대 초반부터 풍질이 발병했다는 기록을 찾아볼 수 있고,

40대 초반에 이르러서는 하루 종일 앉아서 정사를 볼 수 없을 정도로 체력이 약해졌다. 스스로도 "체력이 딸리니 생각이 이전처럼 치밀하지 않다"고 고백할 정도였다.

집권 후반기에 세종은 태종이 마련한 왕권 중심의 정치체제인 육조 직계제를 의정부 서사제로 개편하고, 세자에게 서무를 결재토록 해서 왕에게 집중되었던 국사를 분산시켰다. 건강상의 이유이기도 했지만 집현전을 통해 배출된 많은 유학자들로 인해 자신의 유교적 이상을 실현시켜 줄 기반이 마련되었다는 자신감의 표현이기도 했다. 이러한 시도는 신권과 왕권이 조화된 유교적 왕도정치를 이끌어냈다는 평가를 받을 만큼 성공적이었다.

병마에 시달리면서도 지칠 줄 모르는 열정으로 새로이 편찬된 서책들을 수십 권씩 직접 검토하던 세종은 1450년 2월 54세의 나이로 세상을 떠났다. 그리고 자신이 직접 합장묘로 만든 소헌왕후의 곁에 영원히 잠들었다.